SEELEN VERWANDT

SEELEN VERWANDT

WIE MAN DIE KRAFT DES UNTERBEWUSSTSEINS FÜR SEINE BEZIEHUNGEN NUTZT

BY

KURT GASSNER

Seelen Verwandt
Kurt Gassner

Erste Ausgabe, 2022

Impressum
My-mindguide – The publishing trademarke of trendguide Capital GmbH, Klenzestr. 42a, 80469 Munich, Germany.

Reg. Nr. HRB Munich 206639, VAT 152 123 159, CEO: Kurt Friedrich Gassner
Web: www.my-mindguide.com, mail: gassner@my-mindguide.com

Paperback ISBN: 978-3-949978-03-6
Ebook ISBN: 978-3-949978-04-3
Hardback ISBN: 978-3-949978-05-0

Inhalt

Vorwort des Autors

Sobald du tiefer in die Materie dieses Buches eintauchst, wirst du feststellen, dass die Themen Selbstfindung und Hypnose wichtige Wegpunkte auf dem Weg zu unserem Seelenpartner sind. Um den richtigen Menschen für unser Leben anzuziehen, müssen wir zunächst unser Unterbewusstsein und die darin verborgenen Geheimnisse genauer betrachten. Unser Unterbewusstes bestimmt nicht nur, was uns als Menschen ausmacht, sondern ist auch für 95% unseres Denkens verantwortlich. Unser Denken bestimmt schließlich unser Handeln und dieses entscheidet über unseren Weg zum Glück! Nach der Lektüre dieses Buches wirst du dich und die Welt mit neuen Augen sehen können. Diese neuen Perspektiven ermöglichen dir, das verborgene Potenzial deines Unterbewusstseins zu erkennen und nutzbar zu machen. Folge nicht länger einem Irrweg ins Nirgendwo - mit den richtigen Mitteln und einer smarten Herangehensweise kannst du den direkten Weg zum Traumpartner einschlagen!

Wenn wir einen neuen Denkansatz mit unserem Bedürfnis, einen Seelenverwandten zu finden, kombinieren, offenbart sich uns auch die Verbindung zwischen beiden Aspekten. Um einen Seelenverwandten zu finden, die richtigen Menschen an uns zu binden und selbstbewusst in Bezug auf unsere Identität und unsere Fähigkeiten zu werden, sollten wir die ***Möglichkeiten der Hypnotherapie*** kennenlernen. Diese können uns auf einen Pfad der inneren Befreiung und des Glücks führen. Jetzt fragst du dich vielleicht, auf welche Weise die Hypnotherapie eine solche Wirkung entfalten kann.

Die Antwort ist denkbar einfach - indem wir Menschen mit einer positiven Einstellung anziehen, Menschen mit Zielen, die mit unseren übereinstimmen, und solche mit einer Lebenseinstellung, die mit der unseren kompatibel ist. Genau das habe auch ich umgesetzt und dabei festgestellt, dass ich zu so viel mehr fähig bin, als ich je erwartet hätte! Alles, was ich dafür tat, war den dafür verantwortlichen Teil meines Geistes zu aktivieren.

Wie verrückt wäre es, etwas zu ignorieren, das 95% unseres Denkens ausmacht? Stattdessen müssen wir diese Quelle des Glücks freilegen, um die wahre Liebe, unseren Seelenverwandten und unseren Partner fürs Leben zu finden.

Auf den folgenden Seiten erfährst du, wie auch du das schaffen kannst!

Einführung

Wenn du deinen Seelenverwandten triffst, wird jeder Teil deines Geistes und deines Körpers sofort erkennen, dass dieser dein passendes Gegenstück ist. Mein Bestreben besteht darin, dir mit meiner ganz persönlichen Geschichte den Weg zu jenem segensreichen Wunder zu weisen, dem du hoffentlich eines Tages begegnen wirst. Ich bin mir sicher, dass auch du einmal anderen davon erzählen kannst, wie du deinen Seelenverwandten gefunden hast.

Die Geschichte meines Glücks begann, als ich meiner Frau begegnete, mit der ich nun schon seit 37 Jahren verheiratet bin. Alles nahm seinen Anfang an einer Skihütte in den Kitzbüheler Alpen. Bei unserer ersten Begegnung neckte sie mich, weil sie mich zunächst mit jemandem verwechselt hatte. Ich wartete gerade an einem Skilift, als ich sie mit einer Freundin sah und ihr samt Begleitung ein neuerliches Treffen an der nächsten Skihütte vorschlug. Nachdem beide zugestimmt hatten, rauschte ich gutgelaunt ins Tal hinab. Die beiden Damen kamen Minuten später an und wir nutzten die Gelegenheit für ein erstes Kennenlernen. Da ich später an diesem Tag nach München zurückkehren musste, bestellte ich ein Taxi, das mich bereits kurz nach unserem Gespräch abholte. Bevor ich abfuhr, fragte ich sie jedoch nach ihrer Telefonnummer und schrieb ihr meine auf, während ich auf dem Rücksitz des Taxis Platz nahm.

“An die *2211* wirst du dich bestimmt erinnern”, sagte sie lächelnd.

Bis Mittwoch derselben Woche ertrank ich fast in Arbeit in meiner Werbeagentur. Dennoch entschied ich mich d azu, sie anzurufen, in der Hoffnung, etwas von dem Stress abzubauen, der mich plagte.Also bot ich ihr spontan an, mich kurzerhand bei einem Geschäftstreffen mit wichtigen Kunden zu begleiten, das für Freitag um 19 Uhr angesetzt war. Sie willigte ein! Und so traf ich mich am folgenden Freitag mit meinen ausschließlich männlichen Kunden - bis Annelise hinzukam. Sie war schön, sportlich und hatte Klasse. Die Blicke flogen ihr nur so zu. Kurz darauf unterhielten wir uns, als ob wir uns schon unser ganzes Leben lang kennen würden. Die Szene glich einem perfekten ersten Date in einem Liebesfilm.

Intuitiv suchten wir beide während des ganzen Abendessens körperliche Nähe zueinander. Schnell nahte der Moment, an dem wir uns von meinen Kunden verabschiedeten und den Abend zu zweit fortsetzen wollten. Annelise stieg ohne viele Worte in mein Auto und es vergingen nur Augenblicke, bis wir uns mit einer Leidenschaft küssten, die nur Seelenverwandte füreinander empfinden können. Schließlich machten wir uns auf den Weg zu ihrem riesigen Anwesen, wo wir die Nacht zusammen verbrachten. Am folgenden Morgen erfuhr ich, dass sie mit einem Gentleman aus England verheiratet war - und im Vereinigten Königreich lebte!

Es liegt auf der Hand, dass unser gemeinsamer Weg unter diesen Umständen mit zahlreichen Hindernissen gepflastert war, doch wir haben jedes einzelne davon gemeistert. Seitdem sind wir unzertrennlich und haben zwei wunderbaren Kindern das Leben geschenkt. Auch ein Enkelkind kam seither hinzu und 37 Jahre voller Erinnerungen an unsere tolle Ehe prägen den Blick zurück. Meine Frau gab ein luxuriöses Leben, einschließlich einer schicken Villa auf, und schlug einen neuen Weg voll harter Arbeit ein, nur um mit mir zusammen zu sein. Ungeachtet aller Umstände sind wir damals ein Paar geworden und ein Leben lang zusammengeblieben. Mit dem richtigen Menschen an deiner Seite ist kein Hindernis zu groß und kein Weg zu lang. Ich bin mir sicher, dass auch du dein Glück finden wirst!

ANGST MODEL

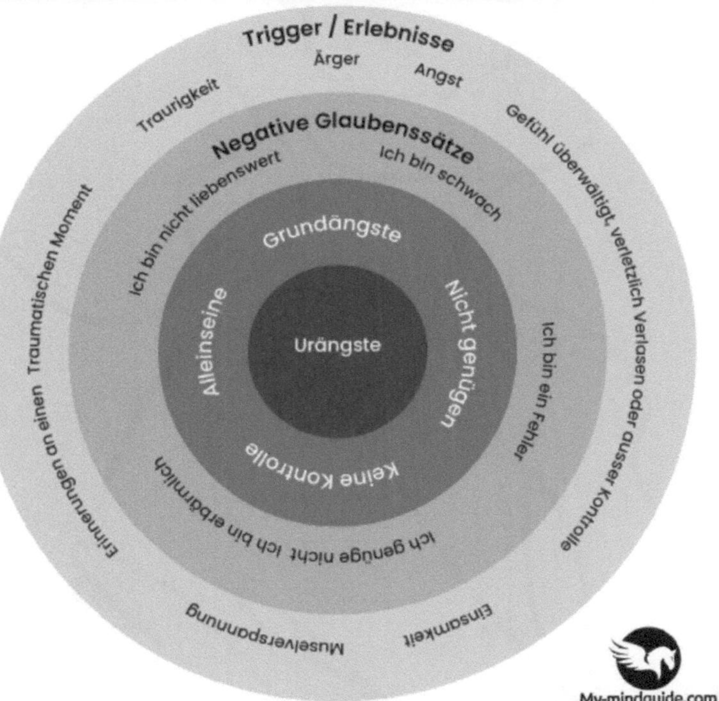

Trigger / Erlebnisse
Ärger
Angst
Traurigkeit
Gefühl überwältigt, verletzlich Verlasen oder ausser Kontrolle
Erinnerungen an einen Traumatischen Moment
Muselverspannung
Einsamkeit
Negative Glaubenssätze
Ich bin nicht liebenswert
Ich bin schwach
Ich bin ein Fehler
Ich genüge nicht
Ich bin erbärmlich
Grundängste
Alleinseine
Nicht genügen
Keine Kontrolle
Urängste
My-mindguide.com

Ein natürliches Band

Was verstehen wir unter einer tiefen und bedingungslosen Bindung zwischen zwei Menschen, die auch als Seelenverwandtschaft bezeichnet wird? Um das Geheimnis zu lüften, betrachten wir zunächst einmal, was eine Seelenverwandtschaft *nicht* ist.

Seelenverwandt zu sein bedeutet nicht, sich wie ein Ei dem anderen zu gleichen. Ihr solltet zwar in eurer Einstellung zum Leben auf einer Wellenlänge sein, doch die weit verbreitete Annahme, dass Persönlichkeit und Interessen deckungsgleich sein müssten, ist ein Irrglaube. Tatsächlich sind die wundervollsten Partnerschaften oft von Gegensätzen geprägt. Doch sind es jene Gegensätze, da sie sich gegenseitig ausbalancieren und ein erfüllendes Gleichgewicht im Beziehungsleben schaffen.

Für eure Seelenverwandtschaft ist es trotz allem nicht entscheidend, ob ihr stets übereinstimmt oder aber genau dies nicht tut. Seelenverwandtschaften weisen im Schnitt genauso viele Meinungsverschiedenheiten wie jede andere menschliche Beziehung auf - der entscheidende Unterschied besteht vielmehr darin, wie Seelenverwandte diese lösen. Damit verhindern sie, dass aus diesen Streitpunkten etwas Toxisches heranwächst. Dabei kommt die tiefe Bindung Seelenverwandter zum Tragen: Seelenverwandte können die emotionalen und psychologischen Bedürfnisse des Anderen so einschätzen und verarbeiten, dass ihre Meinungsverschiedenheiten die füreinander empfundene Liebe und Fürsorge niemals gefährden. Auch bei erheblichen Meinungsverschiedenheiten können Seelenverwandte Kompromisse schließen, um eine Lösung zu finden, die für beide funktioniert.

Seelenverwandte kleben auch nicht aneinander. Auch wenn sie mehr Zeit miteinander verbringen als die meisten anderen Paare, genießen sie ihre Eigenständigkeit und sind sich darüber im Klaren, dass jeder ein Individuum ist. Ohne diesen wichtigen Aspekt würde die Beziehung schnell ungesund oder gar toxisch. In einer wirklichen Seelenverwandtschaft verstehen sich beide Seiten als kostbare Ergänzung des anderen und nicht als aufeinander angewiesen.

Was also ist Seelenverwandtschaft genau?

Seelenverwandte spüren jeden Tag das Bedürfnis in sich, ihre Zeit miteinander zu verbringen und können sich dies auch gar nicht anders vorstellen. Ein solcher Mensch ist jemand, der dein authentisches Ich versteht und wertschätzt, statt dich auf deine äußere Fassade zu reduzieren. Auch bei Streitigkeiten kann ein Seelenverwandter hinter den Vorhang sehen dein wahres Selbst spüren. Er ist jemand, mit dem du seelisch im Einklang bist, um gemeinsam Höhen und Tiefen zu erleben - denn er spürt, was du fühlst. Keiner von beiden kann ohne das Glücksgefühl des anderen selbst wahrhaft glücklich sein. Dieser Aspekt bestimmt und beschreibt eure Bindung am besten - beide sind mental untrennbar miteinander verbunden.

Wie bei jedem anderen Thema gibt es auch bei der Seelenverwandtschaft verschiedenste literarische Interpretationen. Nicht wenige davon sind widersprüchlich, denn die wahre Bedeutung solch tiefer Verbundenheit für das menschliche Leben ist schwer zu verstehen.

Eine gängige Interpretation besagt, dass da draußen jemand auf dich wartet, der speziell für dich geschaffen wurde. Sobald ihr zueinander gefunden habt, wird euer Leben vollkommen sein. Diese Interpretation geht mit der Erwartung an absolute Perfektion einher: Ihr werdet euch bis über beide Ohren ineinander verlieben und euch in eurem Bestreben nach einem besseren Leben unterstützen. Diese Art von Liebesgeschichte bildet die Grundlage für unzählige Drehbücher, weshalb romantische Komödien so beliebt sind. Märchenhafte Erzählungen faszinieren die Menschen.

Eine weitere Definition von Seelenverwandtschaft besagt, dass zahlreiche Seelenverwandte für jeden von uns existieren, unabhängig von romantischen oder sexuellen Gesichtspunkten. Ein solcher Seelenverwandter könnte folglich ein enger Freund, ein Verwandter oder natürlich ein Liebespartner sein. Folgte man dieser Ansicht, käme man zu dem Schluss, dass einem im Laufe des Lebens zahlreiche Seelenverwandte begegnen würden.

Wir neigen jedoch dazu, uns auf eine romantische Bindung in Bezug auf Seelenverwandtschaft zu versteifen. Sobald wir diesen jemand träfen, so glauben wir, wären unsere Träume in Erfüllung gegangen. Niemand je zuvor hätte jemals eine solche Wirkung auf uns und unser Leben haben können. Problematisch hierbei ist der Fokus auf spontane Verrücktheit und all die Merkmale, die mit plötzlicher Verliebtheit einhergehen. Der Fokus liegt eben nicht auf Gefühlen, die mit Selbstbewusstsein, Ausgeglichenheit und Bodenständigkeit einhergehen, stattdessen prägen eher gegenteilige Empfindungen unsere Gefühlswelt. Wir sind dann unruhig, durcheinander, unsicher und sehen mit einem geringen Selbstwertgefühl konfrontiert. In einem solchen Gefühlsrausch fragen wir uns unweigerlich, warum wir uns im Vergleich zu unserem Schwarm unzulänglich vorkommen.

Als Konsequenz daraus harren wir oft zu lange an der Seite des Falschen aus, immer in der Hoffnung, doch noch wahres Glück und tiefe Verbundenheit zu erfahren. Doch je länger wir diesen Weg gehen, desto mehr schwindet auch unser Selbstwertgefühl und damit die Chance auf wahre Erfüllung.

Wie genau äußert sich eine solche Verbundenheit also?
Obgleich manchen das Glück vergönnt ist, jemanden zu finden, mit dem sie eine erfüllende und kraftspendende Beziehung führen können, sehen sich andere mit ungeahnten Schwierigkeiten konfrontiert. Der vermeintliche Traumpartner verwandelt sich mitunter in das glatte Gegenteil und damit in jemanden, der einem nur noch fremd vorkommt.

Doch warum werden wir dazu verleitet zu glauben, dass der Mensch, in den wir uns verliebt haben, unser Seelenverwandter wäre?

Und weshalb fällt es uns dennoch so schwer, diesen jemand loszulassen, wenn wir erkennen, dass unter dem vermeintlichen Prinzen in Wahrheit nur ein Frosch steckt?

Ich glaube, dass auch in solch einem Fall eine Form von Seelenverwandtschaft vorliegen kann. Auch wenn die Beziehung unangenehm geworden sein sollte und wir uns unwohl, wenn nicht sogar ausgenutzt fühlen, besteht doch ein enges Band zwischen uns. Der Grund hierfür heißt *karmische Auflösung*.

Die Seelenverwandten-Hypothese basiert auf der Annahme, dass wir in einem früheren Leben mit jemandem zusammen waren, dessen Verbundenheit nun auch im jetzigen Leben zu spüren ist. Es scheint, als ob wir ihn oder sie bereits ewig kennen würden, während uns ein Gefühl einmaliger Chemie überkommt. Auf welche Weise sind wir früher miteinander verbunden gewesen, lautet die entscheidende Frage. War er oder sie unser Ehepartner? Ein Geliebter oder eine Geliebte? Jemand, den wir außergewöhnlich schätzten? Oder wäre es denkbar, dass dieser Mensch gar jemand war, dem wir in der Vergangenheit Unrecht getan haben, sodass das karmische Pendel nun zu unseren Ungunsten ausschlägt? Aller Wahrscheinlichkeit nach hat diese Seele dich jedoch früher bereits schlecht behandelt und du hast nun eine zweite Chance bekommen, um dich von diesem Unrecht loszusagen. Vielleicht handelt es sich auch um jemanden, mit dem früher bereits ein Band der Liebe bestand, der seinerzeit sein Herz jedoch nicht für dich öffnen konnte? Und egal wie sehr du versuchst, diesen Menschen zu lieben, am Ende bist immer du der- oder diejenige, die leidet, weil deine Gefühle nicht angemessen erwidert werden?

Vielleicht besteht eine Art Seelenverbindung mit dem Ziel, einige wichtige Lektionen des Lebens zu lernen. Etwa zum Zwecke aufrichtiger Selbstliebe, auch wenn der Gegenüber Gefühle nicht angemessen erwidern kann. Vielleicht geht es auch darum, die Fähigkeit zu erlernen, Selbstrespekt- und lob zu üben, obwohl einem das vom Partner nicht entgegengebracht wird. Hier könnte ein wichtiger Schlüssel unserer seelischen Entwicklung verborgen liegen. Die Suche nach einem Seelenverwandten bedeutet nicht notwendigerweise, die Liebe deines Lebens ausfindig zu machen, also jemanden der für uns bestimmt ist. Schmerzhafte Erfahrungen können vielmehr notwendig sein, um die richtigen Lektionen des Lebens zu lernen, die letztlich den Weg zu wahrer Erfüllung ebnen. Solche Lektionen stoßen sowohl in deinem Inneren als auch in dem deines Partners auf großen Widerstand, da sie oft mit einer Verweigerungshaltung einhergehen. Ganz gleich, wie viel wir investieren - es besteht die Möglichkeit, dass wir bestimmte Schutzmauern bei unserem Partner niemals wirklich aufbrechen werden. Aber wir können selbst daran wachsen.

Seelenverwandte können uns sowohl temporär als auch dauerhaft auf unserem Lebensweg begleiten. Ganz unabhängig davon können wir uns auf eines jedoch verlassen: Tritt er oder sie in unser Leben, wird uns das nachhaltig verändern. Diese Menschen erwecken etwas in uns, was uns für den Rest unserer Tage begleiten wird - auch dann, wenn unsere physische Verbindung eines Tages wieder abreißen sollte. Dann sehen wir uns vielleicht gezwungen, Lektionen über Vergebung, Loslassen und Selbstliebe zu lernen, die wir uns niemals hätten vorstellen können. Vielleicht erkennen wir dann, dass es mitunter unvermeidbar ist, loszulassen, um jemanden zu lieben. Doch selbst, wenn das geschieht, werden wir diesen Menschen oder seinen Einfluss auf unser Leben nie wieder vergessen können.

Beziehungen ohne besondere sexuelle Anziehungskraft können die friedlichsten überhaupt sein, andererseits sind solche mit intensiven romantischen oder sexuellen Empfindungen oft besonders aufwühlend. Das kann anfangs berauschend und aufregend erscheinen, aber dieser vermeintliche Vorteil entpuppt sich oft schnell als destabilisierender Beziehungsfaktor. Statt also ein Gegenstück zu suchen, das deine Welt aus den Angeln hebt, solltest du nach jemandem Ausschau halten, der deine Gefühlswelt beruhigt und dir Seelenfrieden beschert. Für dauerhafte Stabilität innerhalb der Beziehung ist ein solcher Partner die beste Wahl.

5 Kennzeichen wahrer Seelenverwandtschaft

Besonders in der Anfangsphase einer Beziehung kann es schwer sein, festzustellen, ob eure Verbindung die von zwei Seelenverwandten ist. Es gibt jedoch Indikatoren, die darauf hindeuten, dass jemand besonders gut zu dir passt:

Ihr fühlt euch, als ob ihr euch ewig kennen würdet

Seelenverwandte haben oft das Gefühl, dass sie sich seit langer Zeit kennen würden. Diesbezügliche Annahmen aus dem Bereich der Esoterik folgern daraus, dass sich Seelenverwandte bereits in einem früheren Leben kannten. Ob du dieser Behauptung Glauben schenkst oder nicht, spielt keine Rolle, denn entscheidend ist nur, dass Seelenverwandte von Anfang an eine grundlegende spirituelle Verbindung erfahren. Es scheint diesen Menschen, als ob sie sich länger kennen würden als sich selbst. Das Maß an gegenseitiger Sicherheit und Geborgenheit ist unter Seelenverwandten deshalb riesig.

Der Fokus liegt auf Verlässlichkeit

Seelenverwandte warten nicht drei Tage nach dem ersten Date, um sich beim jeweils anderen zu melden. Selbst zu Beginn einer Beziehung spielen sie keine Spiele, welche Unnahbarkeit oder geringes Interesse suggerieren könnten. Seelenverwandte haben keinerlei Angst davor, verzweifelt zu wirken, wenn sie den ersten Schritt machen. Sie sind auch nicht zurückhaltend in Bezug auf die Offenbarung ihrer Gefühle, egal ob verbaler oder körperlicher Natur. Seelenverwandte wollen in erster Linie beisammen sein und scheren sich nicht darum, was Außenstehende denken könnten. Sie folgen ausschließlich dem, was sich richtig anfühlt.

Eine tiefe Bindung vom ersten Moment an

Wie zuvor besprochen, teilen Seelenverwandte eine tiefgehende Verbundenheit, die sich meist bereits früh in einer Beziehung zeigt. Beide fühlen sich als Teil des anderen und hegen sofort den Wunsch, ihre Höhen und Tiefen miteinander zu verbringen.

Eure Werte stimmen überein

Seelenverwandte weichen bei wichtigen Lebensentscheidungen selten voneinander ab, denn derartige Entscheidungen liegen gemeinsamen Werten zugrunde. Diese Werte sind sowohl weltlicher als auch spiritueller Natur. Auf deren Grundlage wird deshalb harmonisch entschieden, wo man leben, wie man Geld ausgeben oder welche Ziele man als Paar verfolgen soll, sowohl persönlich als auch beruflich. Dafür musss man nicht immer die gleichen Interessen haben, aber sollte wenigstens die wichtigsten teilen.

Leidenschaft Sinnlichkeit & Intimität

Die physische Liebe zwischen Seelenverwandten ist genauso intensiv wie die spirituelle Bindung. Beim Liebesspiel zweier Seelenverwandter trifft beides aufeinander und schafft eine Intensität der Leidenschaft, die deutlich stärker als bei durchschnittlichen Paaren ausgeprägt ist. Die oben angesprochene tiefe Verbindung spiritueller Natur wirkt sich also zweifellos auch körperlich zwischen Seelenverwandten aus.

Wie du deinem Seelenverwandtem näher kommst

Nutze die Erkenntnisse aus der Hypnose für die Suche nach dem perfekten Gegenstück

DEINEN SEELENVERWANDTEN FINDEN

Du wünschst dir einen Seelenverwandten, einen Menschen an deiner Seite, der dein Leben vervollständigt? Du fragst dich, ob dieser Mensch tatsächlich existiert und ob es Hoffnung gibt, ihn zu finden? Viele sind davon überzeugt, dass es einen speziellen Menschen für sie geben muss, der sie komplettiert wie ein fehlendes Puzzleteil. Ebenso viele sind sich sicher, dass man bei der Begegnung dieses Menschen zweifelsfrei fühlt und weiß, dass er oder sie die Richtige ist - das fehlende Element.

Möchtest du die Liebe deines Lebens finden, heiraten und eine Familie gründen? Oder sehnst du dich nach der Sicherheit und Zweisamkeit einer festen Beziehung? Vielleicht lenken dich auch selbstzerstörerische und pessimistische Ansichten über die Liebe und deine Fähigkeit, ihr zu begegnen? Inzwischen hast du vermutlich erkannt, dass deine Gedanken und Überzeugungen in diesem Bereich deine Entwicklung behindern. Vielleicht bist du zu der Überzeugung gelangt, dass du unfähig bist, eine gesunde Beziehung zu führen, oder dass alle passenden Menschen schon vergeben wären. Schwierig hierbei ist, dass derartige Überzeugungen eine pessimistische Lebenseinstellung hervorrufen. Glaubenssätze, die deinen Weg zur Liebe versperren und eine potenziell vielversprechende Beziehung verunmöglichen, bevor sie überhaupt begonnen hat.

Die Neuprogrammierung Deines Unterbewusstseins ALS WEGWEISER ZUM GLÜCK

Die Methoden der Hypnosetherapie bieten eine wirkungsvolle Möglichkeit, dein Selbstwertgefühl zu fördern, den Moment zu genießen, dich auf die Beziehungsentwicklung zu konzentrieren und deine Fähigkeit zur Liebe aufzubauen. Wie eingangs erwähnt, sind genau das die Schlüssel, die dir die Tür zur Seelenverwandtschaft mit einem lieben Menschen öffnen.

Ich habe im Laufe der Jahre unzähligen Menschen mit dabei geholfen, ihre limitierenden Einstellungen hinter sich zu lassen und den Glauben daran wiederzufinden, dass Liebe für sie erreichbar ist. Viele meiner Klienten konnten so auch toxische Beziehungen in erfüllende und liebevolle Partnerschaften verwandeln. All das nur durch die Macht deines Geistes und den Fokus auf deine innere Energie.

Die Reise ins Ich

Der Weg ins Unterbewusstsein – zum Beispiel in einer Hypnosesitzung beschreibt einen natürlichen, aber veränderten

Bewusstseinszustand, der durch hohen Fokus und erhöhte Suggestion Empfänglichkeit gekennzeichnet ist. Ein solcher Bewusstseinszustand verändert also auch deine Vorstellungskraft.

Im Zustand der Hypnosetrance fühlst du dich, als würdest du in ein schönes Buch oder einen Film eintauchen. Du fühlst dich rundum wohl, bist dir deiner Umgebung aber dennoch bewusst. Du schläfst weder dabei ein, noch verlierst du das Bewusstsein. Somit wird es einfacher, tiefe und dauerhafte Veränderungen einzuleiten, da dein Unterbewusstsein offener für neue Impulse ist. Mehr als jede andere Technik beweist die Hypnose, wie kraftvoll die Macht unserer Gedanken ist.

Auch wenn alle anderen Lösungsansätze erfolglos geblieben sind, bietet die die Hypnose einen hoffnungsvollen Weg.

Nach mehr als zwei Jahrzehnten Erfahrung mit der Erforschung des Unterbewusstseins, bin ich mir jedoch sicher, dass diese der erste und nicht der letzte Ausweg aus einer scheinbar hoffnungslosen Situation sein sollte.

Warum solltest du dich etwa mit Pflastern, Verdampfern oder anderen äußerlich einwirkenden Mitteln versuchen, das Rauchen aufzugeben, wenn richtig gesetzte Suggestionen in nur zwei oder drei Sitzungen aus dem tiefsten Inneren die Ursache des Rauchens bekämpfen? Warum solltest du monate- oder sogar jahrelang zwanghaft probieren, deine Angst vor dem Fliegen oder öffentlichem Sprechen zu überwinden, wenn auch Hypnose diese Ängste mit manchmal nur einer Sitzung signifikant reduzieren oder eliminieren kann? Warum erfolglose Diäten versuchen, wenn du mit Hypnose schnell und von innen heraus dein gesamtes Verhältnis zur Ernährung ändern kannst?

Selbst dann, wenn du dich nach jahrelangem Kampf mit deinem Latein am Ende siehst, ist die die Reise ins Unterbewusstsein im Stande, dich auf den richtigen Weg zu führen.

Denn bedenke: Sobald sich deine Gedanken verändern, wird das auch dein Leben verändern!

Hypnose verdeutlicht die Kraft des Glaubens. Wenn wir unser Unterbewusstsein umlenken können, wird es uns treu gehorchen und eine neue Lebensrealität ermöglichen. Ein einfaches Beispiel: wenn es uns also gelingt, unser Unterbewusstsein davon zu überzeugen, dass es Süßigkeiten oder Zigaretten ablehnt, wird sich auch unser diesbezügliches Konsumverhalten ganz natürlich verändern.

Etliche Studien haben nachgewiesen, dass unser Unterbewusstsein nicht zwischen einer lebendigen Vorstellung und einem realen Ereignis unterscheiden kann. Diese Erkenntnis bietet uns die Chance, neue Verhaltensweisen und Emotionen zu verinnerlichen und zu etablieren. Hypnose ist deshalb ein äußerst wirksames Mittel, um grundlegende Ideen, Einstellungen und Glaubenssätze nachhaltig in neue Bahnen zu lenken. Sobald sich unsere Überzeugungen ändern, verändern sich auch unsere Einstellungen, unsere Reaktionen und unsere Gefühle.

WIE FUNKTIONIERT UND WIRKT HYPNOSE AUF UNSEREN GEIST?

Wie vorab erwähnt, wird Hypnose als veränderter Bewusstseinszustand definiert, der eine erhöhte Empfänglichkeit für Suggestionen und hohe Vorstellungskraft bewirkt. Obwohl Entspannung oft mit Hypnose in Verbindung gebracht wird, ist diese nicht entscheidend. Tatsächlich werden in hypnotisiertem Zustand alle irrelevanten Informationen ausgeblendet. Unsere Aufmerksamkeit konzentriert sich nun ausschließlich auf ein bestimmtes Ziel oder eine spezifische Vorstellung. Auf dieser mentalen Ebene können wir unsere gesamte Energie auf Veränderungen lenken und/oder limitierende Glaubenssätze überwinden.

Um ein Gefühl dafür zu bekommen, wie Hypnose funktioniert, betrachte bitte den Unterschied zwischen der diffusen Energie der Sonne und der zielgenauen Konzentration eines Laserstrahls. Dein bewusster Verstand ist mit der Sonne vergleichbar, Unterbewusstes unter Hypnose gleicht dem Fokus des Lasers.

IST MIT NEBENWIRKUNGEN ZU RECHNEN?

Bei der Hypnose gibt es ausschließlich positive Effekte, wie ruhigeren Schlaf und ein verbessertes Wohlbefinden. Tatsächlich ist besserer Schlaf sogar der Haupteffekt meiner Praxis. Oft berichten meine Klienten mir, dass etwa ihre Wut hinterm Steuer nachgelassen hat, oder dass sie sich ausgeglichener und zufriedener fühlen.

Tausende von Studien beweisen, dass Hypnose eine sichere, natürliche und wirksame Methode zur Veränderung ist.

KANN AUCH ICH HYPNOTISIERT WERDEN?

Ganz bestimmt. Die meisten Menschen sind hypnotisierbar, denn genau genommen sind wir alle dann und wann in einem hypnotischen Zustand. Falls du schon mal eine Autobahnauffahrt verpasst haben solltest, während eines Meetings geträumt hast oder in ein gutes Buch vertieft warst, dann hast du eine moderate Form der Hypnose durchlebt. Eine solch moderate der hypnotischen Trance genügt, um nachhaltige Wirkung zu erzielen, etwa zum Zweck der Gewichtsabnahme, der Nikotinentwöhnung oder der Angstüberwindung. Für Erfolge ist kein tiefer Trance-Zustand erforderlich.

In meiner langen Erfahrung mit dem Unterbewusstsein hatte ich nur selten Klienten, die bei der ersten Sitzung in einen Zustand der tiefen Trance fielen. Wirklicher Erfolg hingegen stellte sich jedoch im Verlauf weiterer Sitzungen ein. Falls man dir suggeriert haben sollte, dass du nicht hypnotisierbar wärest, sei skeptisch. Vielleicht hat dein Hypnotherapeut nur keine erfolgreichen Induktionen bewerkstelligt. Auch dein Verhältnis zum Therapeuten spielt eine Rolle für den Erfolg, ebenso mögliche Ungeduld.

SIND MANCHE MENSCHEN HYPNOTISIERBARER ALS ANDERE?

Ja, denn ein solcher Bewusstseinszustand ist eine Fähigkeit wie jede andere. Manche sind von Natur aus begabt darin und andere weniger. Die gute Nachricht lautet, dass sich jeder mit etwas Übung verbessern kann. Deshalb solltest du dich in Selbsthypnose üben, um dich dabei mental weiterzuentwickeln.

KANN MIR DIE HYPNOSE HELFEN?

Zwar ist die Hypnose weder ein Allheilmittel noch ein Ersatz für eine medizinische oder psychiatrische Behandlung, aber sie hilft nachweislich bei unterschiedlichen mentalen Problemen.

Angefangen bei Prüfungsangst, über schlechte Angewohnheiten bis hin zu mehr Selbstdisziplin. Somit stehen die Chancen gut, dass auch du von Hypnose profitieren kannst, unabhängig davon, ob du diese Behandlungsform ausschließlich oder in Kombination mit anderen Therapien nutzt.

WORIN BESTEHT DER UNTERSCHIED ZWISCHEN HYPNOSE UND MEDITATION?

Hypnose wird als fokussierte Mediation bezeichnet. Die Meditation beruhigt zwar den Geist und ist hilfreich, jedoch gibt es während der Meditation keine konstruktiven Ziele, Perspektiven oder Vorstellungen. Bei der Hypnose beruhigen wir zunächst den Geist und entspannen unseren Körper, erst dann wenden wir uns konkreten Vorstellungen zu, entwickeln positive Ideen und integrieren z.B. die Part-Therapie ein. Die Hypnose verfolgt immer ein konkretes Ziel.

WORAUF SOLLTE ICH BEI EINEM PROFESSIONELLEN HYPNOTHERAPEUTEN ACHTEN?

Wende dich an einen Therapeuten, der eine professionelle Ausbildung absolviert hat und Mitglied in mindestens einem Berufsverband für Hypnose ist, um dessen Qualifikationen zu überprüfen. Hypnotherapeuten ohne adäquate Ausbildung sind häufig nicht in der Lage, ihren Patienten eine zielführende Behandlung zu bieten. Denke daran, dass es in deinem Interesse liegt, die Qualifikationen eines Therapeuten zu überprüfen. Neben der Ausbildung sind auch jahrelange Erfahrung, Fachwissen und ein gutes Verhältnis zu ihm oder ihr wichtig für deinen Erfolg.

WIE REAL IST HYPNOSE WIRKLICH?

Hypnose ist ein legitimes Werkzeug in der Psychotherapie. Sie wird allerdings häufig unzureichend genutzt und falsch interpretiert. Derzeit wird in medizinischen Studien untersucht, wie und wann Hypnose als Therapie eingesetzt werden kann. Die Hypnose ist eine Form der Behandlung, die dir bei der Bewältigung und Behandlung einer Vielzahl von Beschwerden helfen kann. Dabei wirst du von einem professionellen Hypnotherapeuten in einen tranceähnlichen Entspannungszustand geführt. In diesem Zustand bist du empfänglich für Suggestionen, die therapeutische Veränderungen bewirken können. Trancezustände sind weit verbreitet. Falls du schon einmal atemlos warst, während du einen Film gesehen oder etwas geträumt hast, dann hast du bereits einen vergleichbaren Trancezustand erlebt. Professionelle Hypnotherapie hat jedoch nichts mit Unterhaltung zu tun.

SIND HYPNOSE UND HYPNOTHERAPIE IDENTISCH?

Ja und nein. Hypnose beschreibt die Therapieform, mit der eine Vielzahl von Krankheiten behandelt werden kann. Hypnotherapie ist die konkrete Anwendung dieser Technik.

Wie funktioniert Hypnose?

Ein ausgebildeter Hypnotherapeut löst die Hypnose aus, indem er einen Zustand extremer Fokussierung oder konzentrierter Achtsamkeit herstellt. Dies ist ein geführter Prozess unter Nutzung verbaler Signale und deren Wiederholung. Obwohl dieser Trancezustand in vielerlei Hinsicht mit Schlaf vergleichbar ist, bleibst du dir völlig bewusst, was geschieht. Während du dich in diesem meditativen Zustand befindest, gibt dir dein Therapeut geführte Empfehlungen, die dir helfen sollen, deine Therapieziele zu erreichen. Am Ende der Sitzung wird er dich entweder aufwecken oder dich anleiten, den Trancezustand selbstständig zu verlassen.

Wie dieses Maß an intensiver Konzentration und fokussierter Achtsamkeit eine so starke Wirkung entfaltet, ist unbekannt, wird gegenwärtig aber erforscht. Hypnotherapie kann die Saat für neue Konzepte in deinem Geist legen, während du dich in Trance befindest, diese Veränderungen können anschließend schnellt positive Auswirkungen entfalten. Zudem kann die Hypnotherapie den Weg für eine tiefgehende Verarbeitung und Akzeptanz bereiten.

WAS GESCHIEHT IM ZUSTAND DER HYPNOSE MIT DEM MENSCHLICHEN GEHIRN?

Forscher der Harvard-Universität haben die Gehirne von 57 Patienten unter geführter Hypnose untersucht. Sie fanden dabei heraus, dass währenddessen zwei Teile des Gehirns, die für die Verarbeitung und Steuerung der Geschehnisse in deinem Körper verantwortlich sind, besonders aktiv sind.

Ebenso scheinen unter Hypnose die Teile des Gehirns, der für deine Handlungen und für dein Bewusstsein zuständig ist, voneinander getrennt zu sein. Während der Hypnose werden verschiedene Regionen des Gehirns erkennbar beeinflusst.

Nur ein Placebo-Effekt?

Hypnose verändert deine Gehirnfunktion erheblich, bei einem Placebo-Effekt ist dies nicht der Fall. Wie bei der Hypnose basiert allerdings auch der Placebo-Effekt auf Suggestion, ohne jedoch dauerhaft tiefe Veränderungen und neue Assoziationen im Unterbewusstsein zu verankern. Auch geführte Gespräche oder eine Verhaltenstherapie können Handlungen und Gefühle stark beeinflussen.

Was ist zu beachten?

Bei manchen Patienten können Kopfschmerzen, Schläfrigkeit, Schwindelgefühl oder Situationsangst auftreten.

Regressionshypnose ist hingegen eine umstrittene Praxis. Ängste, Unbehagen und andere unerwünschte Wirkungen treten hierbei häufiger auf. Hierbei können zudem Erinnerungen verfälscht werden, die der Patient später fälschlicherweise als wahr interpretiert.

Empfehlen Ärzte diese Methode?

Manche Ärzte sind skeptisch, dass Hypnose psychische Krankheiten oder körperliche Beschwerden zu heilen vermag. Trotz nachweislicher Studien mit positiven Ergebnissen sind nicht alle Ärzte der Hypnose einverstanden. Die meisten medizinischen Fakultäten bilden keine Ärzte in Hypnose aus und auch nicht alle Psychotherapeuten werden darin geschult. Infolgedessen haben Gesundheitsexperten oft falsche Vorstellungen von dieser Therapieform.

WOBEI KANN HYPNOSE EINGESETZT WERDEN?

Hypnose wird zwar mitunter als Allheilmittel für verschiedene Krankheiten und Probleme beworben, die Forschung empfiehlt den Einsatz von Hypnose aber speziell bei folgenden Beschwerdebildern:

- Schmerzen
- Reizdarmsyndrom
- Posttraumatische Belastungsstörung
- Schlaflosigkeit

Weitere Forschungen sind notwendig, um die Wirksamkeit von Hypnose bei der Behandlung der folgenden Erkrankungen nachzuweisen:

- Depressionen
- Ängste
- Nikotinsucht
- Nachoperative Wundheilung
- Übergewicht

Entscheidend ist vielmehr, und darum geht es in diesem Buch, dass du mit dem Einsatz der Hypnose deinen Seelenverwandten finden kannst. Da Hypnose wirkungsvoll eine Veränderung unseres Geistes bewirkt, können wir diese Energien nutzen, um die Menschen anzuziehen, die wir in unserem Leben bei uns haben wollen - insbesondere den Partner an unserer Seite. Dein Hypnotherapeut hilft dir dabei, die Eigenschaften zu bestimmen, die du dir von einem Mann oder einer Frau wünschst. Somit wird es leichter, deine Träume zu realisieren und den Richtigen oder die Richtige zu finden, denn du bekommst die Chance, dich wirklich kennenzulernen! Du wirst dein Selbstwertgefühl und Selbstvertrauen stärken und dich auf die Suche nach der Liebe begeben. Dann bist du bereit für eine gesunde Beziehung, die aufblühen kann.

WAS PASSIERT WÄHREND DER HYPNOSETHERAPIE-SITZUNG?

Während deines ersten Gesprächs mit deinem Hypnotherapeuten wirst du noch nicht hypnotisiert. Stattdessen geht es zunächst darum, deine Ziele und die Ansätze zu besprechen, mit denen dein Therapeut dir helfen kann. Er sorgt dafür, dass du dich während der Hypnosesitzung in einer angenehmen Umgebung entspannen kannst. Anschließend wird er dich durch den Prozess leiten und deine Sitzungsziele bewerten. Später führt er dich mit wiederholten verbalen Aufforderungen in den Trancezustand. Während du in einem ansprechbaren Trancezustand bist, wird dir dein Therapeut suggerieren, auf bestimmte Ziele hinzuarbeiten, dir helfen, deine Zukunft zu visualisieren, und dich dabei unterstützen, gesündere Entscheidungen zu treffen. Danach wird dich dein Therapeut aus der Trance aufwecken.

GENÜGT EINE THERAPIESITZUNG?

Die Zahl der notwendigen Therapie Sitzungen ist so individuell wie die Klienten. Manchmal genügt nur eine Sitzung und genauso oft stellen sich erst nach einigen Sitzungen die gewünschten Ergebnisse ein.

DER FAKTENCHECK: 6 MYTHEN AUF DEM PRÜFSTAND

Obwohl die Hypnose in der traditionellen medizinischen Praxis allmählich an Akzeptanz gewinnt, gibt es immer noch zahlreiche Falschannahmen und Vorurteile. Hierbei unterscheiden wir zwischen Fakten und Fiktion.

JEDER KANN HYPNOTISIERT WERDEN!

Nicht jeder ist für Hypnose gleichermaßen empfänglich. Einer Studie zufolge sind etwa 10% der Bevölkerung besonders hypnotisierbar. Der Rest der Bevölkerung ist zwar empfänglich für Hypnose, benötigt aber mehr Zeit und Aufwand. Wie bei jeder Fähigkeit kann die Mehrheit der Menschen mit etwas Übung einen Zustand erreichen, indem sie hypnotisierbar sind.

HYPNOSE = SCHLAF!

Auch wenn es so scheint, als würdest du während der Hypnose schlafen, bist du wach, denn du befindest dich lediglich in einem Zustand tiefer Entspannung. Deine Muskulatur entspannt sich, deine Atmung wird langsamer und du wirst u.U. etwas schläfrig.

HYPNOTISIERTE VERLIEREN DIE KONTROLLE ÜBER IHREN KÖRPER!

Bei der Hypnose handelt es sich nicht um einen Zustand, in dem man sich seiner Handlungen nicht bewusst ist. Obwohl Hypnose mit einer großer Entspannung einhergeht, behält der Patient stets die volle Kontrolle über seinen Körper und dessen Bewegungen. Der Patient nimmt seine Umgebung jederzeit wahr.

HYPNOTISIERTE KÖNNEN NICHT LÜGEN!

Hypnose ist keine Wahrheitspille. Zwar bist du empfänglicher für Suggestionen, aber du behältst deinen freien Willen und dein moralisches Urteilsvermögen bei. Niemand kann dich zwingen, etwas zu sagen, was du nicht sagen willst, unabhängig vom Wahrheitsgehalt.

DU KANNST ONLINE HYPNOTISIERT WERDEN!

Etliche Apps und Onlinevideos regen zur Selbsthypnose an, aber diese sind meist wirkungslos. In einer Studie aus dem Jahr 2013 fanden Forscher heraus, dass diese Produkte nicht von Fachleuten entwickelt wurden. Deshalb warnen Ärzte und Therapeuten vor deren Verwendung.

HYPNOSE KANN DIR HELFEN, VERLORENE ERINNERUNGEN WIEDERZUENTDECKEN!

Es ist zwar möglich, unter Hypnose verborgene Erinnerungen abzurufen, aber die Wahrscheinlichkeit, dass du dir im Trancezustand falsche Erinnerungen einbildest, ist bedeutend. Deshalb ist Regressionshypnose nur nach sorgfältiger Aufklärung und Rücksprache mit einem klinischen Psychologen oder Psychotherapeuten zu empfehlen.

FAZIT
In Hypnose kann dein Unterbewusstsein gezielt angesprochen und alte Denkmuster aufgelöst und neue Denkmuster implementiert werden. Große Erfolge gibt es bei:

Schlafstörungen, Depressionen und Schmerztherapie.

Du solltest mit einem zertifizierten Hypnotherapeuten zusammenarbeiten, um Vertrauen in die Therapie zu bekommen. Er oder sie wird eine Strategie entwickeln, um deine individuellen Ziele zu erreichen.

10 GUTE GRÜNDE FÜR DIE HYPNOTHERAPIE

Wann solltest du dich hypnotisieren lassen?

DU HAST WIEDER MIT DEM RAUCHEN ANGEFANGEN

Mit dem Rauchen aufzuhören ist einer der häufigsten Gründe, warum die Menschen eine Hypnotherapie in Anspruch nehmen. Zuvor versuchen sie jedoch oft erfolglos Nikotinpflaster und -kaugummis. Es gibt zahlreiche wissenschaftliche Studien, die den Einsatz von Hypnotherapie bei der Nikotinentwöhnung empfehlen.

DEINE SCHLAFQUALITÄT LÄSST ZU WÜNSCHEN ÜBRIG

Schlaflosigkeit und weitere Schlafstörungen betreffen Millionen von Menschen weltweit. Hypnose ermöglicht es, die Ursachen der Schlaflosigkeit zu erkennen und Techniken einzusetzen, die dich entspannen und beruhigen können. Hypnotherapie wird besonders oft zur Behandlung von Schlafstörungen bei Kindern eingesetzt (etwa bei Albträumen, Schlafwandeln und Angst vor Dunkelheit).

DU MÖCHTEST ANGSTSTÖRUNGEN ODER PHOBIEN ÜBERWINDEN

Menschen aller Altersgruppen leiden an Angststörungen, was deren Alltag beeinträchtigt. Besonders häufig ausgeprägt ist Höhenangst, Flugangst oder Angst vor Nadeln und Kriechtieren. Hypnotherapie kann dazu dienen, sich auf einen Flug oder eine Impfung vorzubereiten.

DU SUCHST DIE WAHRE LIEBE

Dank Hypnotherapie kannst du deinen Seelenverwandten visualisieren und anziehen, statt dich unpassenden Partnern zuzuwenden, indem du deine Glaubenssätze veränderst.

UNKONTROLLIERTER STRESS UND PANIK

Stress und gelegentliche Panikgefühle sind ganz natürlich, bei manchen Menschen können diese Empfindungen jedoch die Kontrolle über Körper und Geist übernehmen, was sie daran hindert, ein selbstbestimmtes Leben zu führen. Hypnotherapie hilft auch hier dabei, zugrundeliegende Ursachen zu erkennen und Lösungen für ein besseres Stressmanagement zu finden.

FALLS DU ERINNERUNGEN AUS DER VERGANGENHEIT VERARBEITEN WILLST

Der menschliche Verstand erinnert sich nicht bewusst an alle Details vergangener Ereignisse. Dies gilt vor allem dann, wenn es sich um eine Erfahrung handelt, die verdrängt statt verarbeitet wurde. Hypnotherapie kann sehr effektiv wirken, wenn es darum geht, längst Verdrängtes abschließend zu verarbeiten, um Seelenfrieden zu finden.

FALLS DU VERSUCHST, ABZUNEHMEN

Ein großer Teil des Abnehm-Erfolgs wird durch den Geist und nicht durch den Körper bestimmt. Hypnose kann hierbei Abhilfe schaffen und das Leben mitsamt süßer Versuchungen kontrollierbar machen.

FALLS DIR VOR EINEM WICHTIGEN GESPRÄCH ODER EINER REDE GRAUT

Kommunikation wie auch das Sprechen vor der Öffentlichkeit bereitet vielen Menschen Unwohlsein, erst recht, wenn sie unter Erfolgsdruck stehen. Viele Betroffene nutzen die Kraft der Hypnose, um ihre Kommunikationsfähigkeiten zu üben und zu verbessern.

FALLS DU KEINE ABGEKAUTEN FINGERNÄGEL MEHR MÖCHTEST

Nägelkauen ist eine der weitverbreitetsten schlechten Angewohnheiten überhaupt. Die meisten Nägelkauer leiden bereits seit der Kindheit unter dieser Zwangsstörung. Hypnotherapie bekämpft die Ursachen dieses Zwangs und befreit dich vom körperlichen Makel hässlicher Nägel.

DU DEINE MIGRÄNE BESIEGEN WILLST

Hin und wieder Kopfschmerzen zu haben, ist völlig normal. Wer jedoch unter chronischer Migräne leidet, kommt morgens oft kaum aus dem Bett. Studien haben bewiesen, dass Hypnose chronische Migräne wirksam behandelt - ganz ohne die unerwünschten Nebenwirkungen von Medikamenten.

DIE RELEVANZ DER HYPNOTHERAPIE

Hypnotherapie bietet eine rein tiefenpsychologische Art der Analyse und Therapie für Menschen mit grundlegenden Schwierigkeiten, die ohne Medikamente behandelt werden können. Obgleich Hypnotherapie schon seit Urzeiten für die Intensivierung des Bewusstseins eingesetzt wird, ist sie speziell für die Behandlung verschiedenster psychischer Störungen besonders wirksam.

Auch leiden immer mehr Menschen unter einem geringen Selbstwertgefühl und Unsicherheit. Für diese Betroffenen ist es oft schwierig, beruflich erfolgreich zu sein und eine Beziehung zu führen, da sie im sozialen Umfeld häufig hilflos agieren. Nichts ist schlimmer, als orientierungslos und in der Folge ohne Ziel und inneren Antrieb zu sein. Aus diesem Grund ist es von besonderer Wichtigkeit, die negativen Gedankengänge der Betroffenen aufzulösen, um den Weg zum Erfolg zu ebnen.

Hypnotherapie kann auch eingesetzt werden, um unterbewusste Glaubenssätze aufzulösen, die die grundlegende Ursache gescheiterter Beziehungen bilden. Für Menschen mit einem unverarbeiteten emotionalen Trauma kann es entscheidend sein, tief in sich zu gehen, um herauszufinden, welche unterbewussten Gedanken dich vom Pfad der Liebe ablenken. In nächsten Schritt werden diese Glaubenssätze so verändert, dass die Voraussetzungen für dauerhaftes Glück an der Seite des Richtigen gegeben sind.

ENTSCHEIDENDE VORTEILE DER HYPNOTHERAPIE

Hypnotherapie nutzt die Kraft der Suggestion, um Menschen dabei zu helfen, ihr Leben positiv zu gestalten. Für viele Betroffene bietet sie eine hocheffiziente Behandlungsmethode, mit unzähligen Vorteile, von Stressabbau und Entspannung bis hin zur Suchtbekämpfung. Abhängig davon, warum du eine Hypnotherapie in Anspruch nimmst, kann die Anzahl der Therapiesitzungen bis zum gewünschten Ziel variieren. In jedem Fall erlernst du Selbsthypnosefähigkeiten, die es dir ermöglichen, die Behandlung auch lange nach Therapieende fortzusetzen.

Welche Hindernisse zwischen dir und deinem Seelenverwandten kann die Hypnotherapie beseitigen?

Schlechte Essgewohnheiten
Falls du nachhaltig abnehmen willst, ohne eine Diät zu machen, ist dies der beste Weg. Hypnotherapie beseitigt negative Gedanken und Gefühle, die Heißhunger auslösen können. Die Förderung deiner Leidenschaft für gesundes Essen, Trinken und aktive Bewegung sorgt für einen gesunden Lebensstil und bringt dich deinem Traumpartner einen Schritt näher.

Alkoholsucht
Falls deine Willenskraft allein nicht ausreicht, um der Trinkerei ein Ende zu setzen, bietet Hypnotherapie wirksame Methode zur Abstinenz. Hypnose ist eine der wirkungsvollsten Methoden, um schnell, sicher und natürlich mit schlechten Gewohnheiten, unerwünschten Verhaltensweisen und Süchten Schluss zu machen.

Stressabbau

Stressabbau durch Hypnose ist eine der einfachsten Methoden, um eine tiefgehende Entspannung zu ermöglichen. Stressabau fördert eine Verbesserung deiner Gesundheit und deines Wohlbefindens, was dich ruhiger, optimistischer und frischer wirken lässt.

Kristallklarer Fokus

Um in allen Bereichen deines Lebens erfolgreich zu sein, sei es in finanzieller, romantischer, oder kreativer Hinsicht, solltest du dein Selbstvertrauen stärken und deinen Geist auf einen klar definierten Erfolgsweg ausrichten. Hypnose weist dir die Richtung zu diesem Erfolgsweg und beseitigt hartnäckige Hindernisse.

Selbstliebe

Harsche Selbstkritik kann Ängste und Verzweiflung auslösen oder verschlimmern. Jeden Tag hegen wir etwa 50 000 Gedanken, von denen etliche kontraproduktiv wirken. Um die negativen Denkmuster aufzubrechen und uns zu lebensbejahenden Ideen und Verhaltensweisen zu bewegen, sollten wir die Kraft der Hypnose nutzen.

Natürliche Heilung

Jeder Gedanke, der dich umtreibt, entwickelt eine greifbare Auswirkung in deinem Körper. Nutze die Kraft deines Geistes, um deinen Körper zu heilen!

Seelenverwandtschaft

Nur wenn wir Selbstwertgefühl und Selbstvertrauen ausstrahlen, ziehen wir Menschen an, die uns eine energiespendende

Beziehung bieten können. Hypnotherapie kann dir auf verschiedene Weise helfen, einen solchen Menschen zu finden. Du bekommst eine klare Vorstellung davon, mit wem du dein Leben verbringen möchtest, denn du kannst nun die richtigen Eigenschaften bei einem Partner erkennen. Weiterhin lernst du, dich mit der Realität deiner Situation auseinanderzusetzen und innere Schönheit über äußere Merkmale zu stellen. Dein Seelenverwandter wird letztlich von deinem Geist, deinen Gedanken und deiner positiven Energie angezogen, die du mit Hilfe der Hypnose freisetzen kannst.

MERKMALE DER HYPNOSE

Im Folgenden findest du eine Auflistung von gängigen Anzeichen für einen hypnotischen Zustand. Doch Obacht: Nicht jeder Hypnotisierte weist dieselben Merkmale auf! Oft kann nur ein erfahrener Hypnotherapeut die Zeichen richtig deuten und die passenden Schritte einleiten.

Körperliche Entspannung

Die Entspannung der Muskeln zeigt sich in der Mimik wie auch im Zustand des Körpers insgesamt. Unter Hypnose ist das Gesicht einer Person glatt und straff und die Körperhaltung vollkommen ausgeglichen.

Unter Hypnose treten keine hektischen Bewegungen auf, etwa durch Zuckungen der Gliedmaßen. Sogar Betroffene, die regelmäßig Ticks oder Krämpfe erleiden, verspüren diese in der Regel nicht, wenn sie unter Hypnose stehen. Ein Mensch in Trance bewegt sich langsam und im Fluss. Auch die Körperwärme ist ein Indikator für Hypnose.

Die Augen

Hypnotisierte zwinkern und blinzeln seltener. In der frühen Trancephase flackern jedoch die Augenlider, dies ist ein untrügliches Anzeichen für einsetzende Hypnose. Manchmal bewegen sich die Augäpfel nach oben, sodass nur noch das Weiße zu sehen ist. Obwohl es äußerlich unsichtbar ist, beschreiben Menschen in Trance oft eine verschwommene Sicht. Zudem kann die Hypnose zu einem Tunnelblick oder zu Wahrnehmungsveränderungen der Farben, Größen und Formen von Objekten führen.

Mentaler Ruhezustand

Unter Hypnose lässt man sich seltener durch äußere Einflüsse ablenken. Im Extremfall kann der Hypnotisierte so sehr in sich versunken sein, dass er aufhört, dem Hypnotherapeuten zuzuhören.

Puls & Atemfrequenz

Obwohl die Puls- und Atemfrequenz tendenziell sinkt, können vorübergehende Anstiege des Pulses und der Atemfrequenz auftreten, sobald der Betroffene realisiert, dass er sich in Trance befindet.

Schluckreflex

Während der Trance schwächt sich der Schluckreflex ab oder verschwindet sogar völlig. Sobald der Hypnotisierte darauf aufmerksam gemacht wird, schluckt er in der Regel.

Psychomotorische Verzögerung

Oft vergeht eine gewisse Zeitspanne zwischen dem Zeitpunkt der Suggestion bis zur tatsächlichen Ausführung des Patienten.

EFFIZIENTE TRAININGSMETHODEN ZUR STÄRKUNG DEINES UNTERBEWUSSTSEINS

Untenstehend findest du hilfreiche Strategien, um dein Unterbewusstes bestmöglich zu nutzen:

Sei offen für Veränderung

Der erste Schritt zu einer bedeutenden Veränderung besteht nicht etwa aus dem unbedingten Glauben an Veränderung, sondern aus der Überprüfung deiner realistischen Möglichkeiten. Du wirst dich nicht über Nacht von einem totalen Skeptiker zu einem überzeugten Gläubigen verwandeln können, aber ein guter erster Schritt wäre es bereits, einfach offen zu sein für das, was möglich sein könnte. Das ist es, was den Lauf deines Lebens verändern wird.

Erfolgs- statt schuldbewusst

Erlaube dir, glücklich und erfolgreich zu sein, ohne dich deswegen schuldig zu fühlen. Wenn du unterschwellig assoziierst, dass Erfolg unmoralisch ist, wirst du wahrscheinlich nicht die erforderlichen Maßnahmen ergreifen, um dein Wunschleben anzupacken. Entwickle deshalb einen positiven Umgang mit Erfolgserlebnissen und konzentriere dich auf deren Auswirkungen.

Mache dir nicht die Ängste Dritter zu eigen

Die Art und Weise, wie andere auf deinen Erfolg reagieren, sagt viel über deren eigenes Leben aus. Wenn du etwa deine Verlobung bekannt gibst, werden die, die bereits verheiratet und glücklich sind, sich für dich freuen. Andere, die mit ihrer Ehe unzufrieden sind, werden dazu tendieren, das Haar in der Suppe zu suchen. Klammere diese negativen äußeren Faktoren aus. Die Ängste Dritter sind lediglich selbstbezogene Projektionen ihrer Lebensumstände. Diese haben nichts mit dir zu tun.

Setze Anreize

Stelle eine Flasche Champagner in den Kühlschrank, oder ändere deinen morgendlichen Weckton! Achte darauf, dass die Dinge, die du regelmäßig siehst und berührst, Positivität und Zuversicht ausstrahlen. Hefte ein inspirierendes Zitat an deinen Computer, oder entfolge Menschen auf Facebook, die ständig negative Nachrichten posten und folge stattdessen denen, die positive Stimmung verbreiten.

Erfreue dich an positiven Aspekten der Gegenwart

Statt bloß zu sagen: *Das will ich eines Tages machen*, ergänze: *Ich überlege gerade, wie ich es machen kann*. Verknüpfe positive Aspekte der Gegenwart mit Zielen für die Zukunft, um deine Motivation zu verbessern und dir zu beweisen, dass du auf dem richtigen Weg bist.

Kreiere eine Vision

Wenn du nicht weißt, wohin du gehen willst, weißt du auch nicht, welche Richtung du zuerst einschlagen sollst. Sobald du jedoch eine kristallklare Vorstellung davon hast, was du willst und wie du leben möchtest, kannst du damit beginnen, das umzusetzen und Neues zu erschaffen. Wenn deine Wünsche vage oder widersprüchlich bleiben, wirst du nicht in der Lage sein, sinnvolle Maßnahmen zur Erreichung deiner Ziele zu ergreifen. Lege eine Sammlung von Wörtern und Bildern an, die symbolisieren, was du dir wünschst und wie du leben willst!

Visualisiere dies, etwa per Pinterest-Board, Blog, Tagebuch oder Schautafel!

Identifiziere Hindernisse & Barrieren

Falls dein Unterbewusstsein dich davon abhält, ein Ziel zu verfolgen, liegt das oft daran, dass du einen es blockierendes Element in deinem Unterbewussten gibt. Hinterfrage dich selbst! Überlege, warum du dich besser fühlst, wenn du etwas aufschiebst, oder warum dich das Verfolgen deiner tatsächlichen Wünsche in eine schwierige Lage versetzen sollte. Bevor du dein Ziel weiter verfolgst, kümmere dich um das Element, das dich behindert.

Verfolge einen Masterplan

Vergiss Fünf- oder Zehn-Jahres-Pläne, denn unser Dasein ist viel zu schnelllebig, um alle Veränderungen vorab kalkulieren zu können. Mit Sicherheit werden sich andere oder sogar bessere Möglichkeiten ergeben, die du jetzt noch gar nicht auf dem Schirm hast. Erstelle stattdessen einen Masterplan! Bestimme grundlegende Werte und Motivationen. Überlege dir, was du im Laufe deines Lebens erreichen möchtest und welches Vermächtnis du hinterlassen willst. Wenn du dir darüber im Klaren bist, kannst du im Rahmen dieses Gerüsts später flexibel auf die Herausforderungen des Lebens reagieren.

Schreibe ein Dankbarkeitstagebuch

Die effektivste Technik, um deine Einstellung zielführend zu verändern, ist die Kultivierung achtsamer Dankbarkeit und des Wohlwollens. Damit kannst du deine Perspektive von dem Wunsch nach Veränderung auf die Zufriedenheit mit dem, was du hast, anpassen. Nichts zieht neuen Reichtum mehr an als

Wertschätzung von bestehendem. Ein Sprichwort besagt, dass du, wenn du glaubst, genug zu haben, du auch empfänglich für mehr wirst. Zweifelsohne wahr!

Stelle selbstbewusste Forderungen

Wenn jemand an dich herantritt, um einen Auftrag anzunehmen, verlange den Betrag, den du wirklich haben willst. Falls es dein Ziel ist, auf der Karriereleiter aufzusteigen, triff dich mit deinem Vorgesetzten und teile ihm deine Ambitionen mit. Ganz egal, worum es geht - beginne damit, das zu verlangen, was du willst, auch wenn du keinen Grund zur Annahme hast, dass man es dir geben wird! Sobald du deinen Wert erkannt hast, werden auch andere diesem Beispiel folgen!

URSPRUNG, NUTZEN & ERWARTBARER NUTZEN DER HYPNOSE

Hast du bereits Hypnose ausprobiert? Falls die Antwort nein lautet, dann gestatte mir, dir die Thematik näherzubringen und dir zu erklären was du erwarten kannst, um dich zu beruhigen und dir dabei zu helfen, das Beste aus dieser überzeugenden Therapieform zu machen. Leider existieren zahlreiche Missverständnisse über Hypnose, deshalb werde ich zunächst auf einige der am weitesten verbreiteten davon eingehen.

Oft wird angenommen, dass Hypnose eine Form des Schlafes ist. Auch wenn der Begriff Hypnose vom griechischen Wort Hypnos abgeleitet ist (was Schlaf bedeutet), ist dieser Begriff nicht zutreffend. Du kannst jederzeit alles hören, was ich während der Sitzung zu dir sage. Manchmal wirst du mir direkt antworten, weshalb es vorkommen kann, dass ich dich um bestimmte Zeichen oder eine verbale Antwort bitte. Ich möchte jedoch betonen, dass du dich auch dann unter Hypnose befindest, wenn dir unsere Kommunikation vollkommen bewusst ist.

Doch auch völlige Entspannung bis zum folgenden Einschlafen ist nicht ungewöhnlich. Du befindest dich an einem sicheren Ort und verpasst nichts vom Inhalt unserer Sitzung, zudem musst du dir keine Sorgen machen, dass du nicht mehr aufwachst. Das ist nicht möglich! Weniger als 10% der Menschen geraten in einen Trancezustand, der einer Narkose gleicht. Diese Menschen werden *Somnambul* genannt und können sich nicht an die vorangegangenen Ereignisse der Hypnose erinnern. Trotzdem wachen auch diese Menschen nach einer Sitzung wieder auf.

Dein Gehör funktioniert ähnlich wie der Sensor einer Sicherheitskamera und befindet sich immer in Bereitschaft, ähnlich einer Mutter, die aufwacht, wenn diese ihr Baby schreien hört. Auch wenn jemand in dein Haus eindringt, während du schläfst, wirst du sofort aufwachen, wenn du ein Geräusch wahrnimmst. Dein Gehör ist 24 Stunden am Tag in Betrieb, nimmt Informationen auf und speichert diese. Diesen Umstand machen wir uns unter Hypnose zunutze, denn selbst wenn du während der Sitzung einschlafen solltest, nimmt dein Gehirn jegliche Informationen unterbewusst wahr.

Die Geschichte der Hypnose ist gleichermaßen faszinierend und umfangreich. Deshalb möchte ich dir die Kurzversion erläutern, damit du verstehst, woher die Hypnose stammt und warum sie so effektiv, hilfreich und sicher ist. Wir werden später tiefer in die Materie gehen.

Die Geschichte der Hypnose reicht mindestens 6 000 Jahre zurück, manche gehen sogar von einer noch längeren Historie aus. Schon die alten Ägypter, Griechen, Römer, Inder, Chinesen, Perser und Sumerer erforschten Hypnose und veränderte Bewusstseinszustände. Zwischen dem neunten und vierzehnten Jahrhundert n. Chr. wurde ein weitreichendes Verständnis der menschlichen Psychologie entwickelt und im Zuge dessen wurden auch therapeutische Verfahren (wie Analyse, veränderte Bewusstseinszustände und Hypnose) genutzt, um emotionale Beschwerden und Leiden zu mindern.

Dies geschah lange, bevor diese Konzepte als Psycho- und Hypnotherapie bezeichnetet wurden. Zwischen dem fünfzehnten und sechzehnten Jahrhundert entwickelten und perfektionierten Therapeuten weltweit das Konzept der Hypnose und ihre Anwendungsbereiche.

Im 18. Jahrhundert hatte der österreichische Arzt Dr. Frantz Anton Mesmer den größten Einfluss bei der Entwicklung der Hypnose. Mesmer benutzte Magnete und Metallgestelle, um die magnetischen Kräfte des Körpers von Blockaden (also den Krankheitsursachen) zu befreien und einen tranceähnlichen Zustand zu erzeugen. Mesmer erzielte schnell weitere Erfolge, indem er seine Hände über den Patienten bewegte. Diese Technik nannte er *Tiermagnetismus*. Leider wurde seine Arbeit aufgrund des dramaturgisch anmutenden Charakters seiner Therapien von der Öffentlichkeit und Medizinern verspottet.

Dabei übersah man seine Erkenntnisse völlig. Sein Name fand jedoch ein Vermächtnis im Verb *mesmerisieren*. Mesmer verstarb 1815, aber ein Schüler namens Armand de Puysegur entwickelte Mesmers Arbeit weiter. Er entdeckte, dass das gesprochene Wort und direkte Anweisungen tiefe Trance erzeugen können, so dass Ärzte schmerzfrei ohne Betäubung operieren konnten.

Der Engländer Dr. James Esdaile stellte schließlich den ersten medizinisch anerkannten Durchbruch für Operationen in Trance auf, als er in Indien seine erste Operation ohne Narkose durchführte. Später folgten unglaubliche 300 größere und tausend kleinere operative Eingriffe unter Hypnose, bzw. *Mesmerismus*, wie es damals hieß.

Die weitere Entwicklung der Hypnose geht auf einen schottischen Optiker namens Dr. James Braid zurück. Durch Zufall stellte er fest, dass man auch durch die Konzentration auf einen Gegenstand schnell in einen Trancezustand versetzt werden kann, und das ohne die Hilfe von *Mesmerismus*. Im Jahr 1841 berichtete er über seine Erkenntnisse und prägte damit fälschlicherweise den heutigen Begriff Hypnose aus dem griechischen Ursprung *Hypnos* (Schlaf).

Die britische Ärztevereinigung stimmte 1891 für die Hypnose in der medizinischen Behandlung, doch die Zulassung erfolgte erst im Jahr 1955, also 64 Jahre später. Die amerikanische Ärztekammer wurde schließlich auf einen Patienten aufmerksam, der sich einer Thyreoidektomie (einer chirurgischen Entfernung der Schilddrüse), unterzog, damals noch ohne Betäubung. Hypnose entpuppte sich als das einzige geeignete Mittel, um seine Schmerzen zu lindern. Wie sich bei folgenden Schilddrüsenoperationen herausgestellt hat, ist Hypnose ein wirksames und nutzbringendes Werkzeug zur Schmerzblockade. Gewichtsreduktion, Nikotinsucht, Sportmotivation, effizientere Lerngewohnheiten, Nervositätskontrolle und die Ausbildung eines gesunden Selbstwertgefühls sind nur einige der Vorteile, die mit Hypnotherapie positiv beeinflusst werden können.

Ich möchte nun auf einige deiner wahrscheinlichen Bedenken eingehen und Fragen beantworten, die sich dir vielleicht als Reaktion auf diese Informationen stellen.

- Hypnose kann nur funktionieren, wenn für einen Trancezustand bereit bist. Ich kann also nicht ohne dein Wissen oder deine Zustimmung Trance bei dir auslösen. Somit ist sichergestellt, dass nichts gegen deinen Willen geschieht.

- Hypnose ist keine magische Gedankenkontrolle, die dich deines Willens oder deiner Fähigkeit beraubt, rationale Entscheidungen zu treffen. Hypnose ist nichts als ein tranceähnlicher Bewusstseinszustand, der dich empfänglich für Suggestionen und Anweisungen macht. Diese können dir helfen, positive Verhaltensweisen und gesunde körperliche Veränderungen zu entwickeln.

- Hypnose ist eine von verschiedenen Therapieformen, die bei einer Vielzahl von Verhaltensstörungen und körperlichen Beschwerden hilfreich sein können.

- Du hast die volle Kontrolle während der Hypnose, es ist mir also nicht möglich, dir etwas zu suggerieren, was dein Verstand als schädlich klassifizieren würde. Auch unter Hypnose kannst du nicht dazu gezwungen werden, gegen deinen Willen oder deinen Moralkodex zu agieren und du bist jederzeit fähig, in einen bewussten Zustand zurückzukehren. Zähle einfach bis drei und du bist wieder wach! Du kannst dich auch selbst aus der Hypnose lösen, indem du die Augen öffnest.

- Auch wenn du nicht glaubst, in Trance zu sein, wirst du merken, wie sich deine Aufmerksamkeit verringert und deine Atmung langsamer wird, sobald du anfängst, dich zu entspannen. Dieser sogenannte Alpha-Zustand ist ein Bewusstseinszustand, bzw. Trance und liegt zwischen Schlaf- und Wachzustand (Beta-Zustand). Hierbei bist du bis zu 200 Mal empfänglicher für Suggestionen und Anweisungen als bei vollem Bewusstsein.

Stell dir eine Verbindung vor, die das Bewusstsein mit dem Unterbewusstsein verbindet. Dein Hypnotherapeut kreiert genau diese Verbindung und implementiert darin Suggestionen und Anweisungen. Diese können von deinem Unterbewusstsein in diesem Zustand, der deine kognitiven und verhaltensbezogenen Grundlagen strukturiert, besser verarbeitet werden. Auf diese Weise verbessert sich deine Wahrnehmung. Hypnotische Suggestionen befähigen dich also, eine bessere Kontrolle über unterbewusste Denkstrukturen auszuüben. Hypnose bietet zudem eine Möglichkeit, ungewollte Assoziationen des Gehirns neu zu gestalten.

Sobald Glaubenssätze und Assoziationen einmal neu festgelegt sind, sind diese normalerweise dauerhaft umstrukturiert. Um neue Verhaltensweisen, etwa beim Thema Ernährung, zu entwickeln und zu manifestieren, braucht man zwischen einer und sechs Sitzungen. Manchmal müssen wir etwas tiefer gehen, um die zugrundeliegende Ursache einer Ernährungsstörung zu beseitigen. Laut einer Studie des *American Health Magazine* führte die Psychoanalyse nach 600 Sitzungen zu einer 38%igen Verbesserung, die Verhaltenstherapie nach 22 Sitzungen zu einer Verbesserung von 72% und die Hypnose nach nur sechs Sitzungen zu einer bemerkenswerten Erholung von 93%. Du siehst, Hypnose ist sowohl sicher als auch hochwirksam und kann auch dir dabei helfen, deine Ziele schnell zu erreichen! Bedenke, Hypnose ist schließlich ein ganz natürlicher Zustand, den du täglich erlebst, sobald du einen ungestörten Fokus auf etwas entwickelst.

WELCHE HYPNOSEARTEN GIBT ES?

Die Hypnotherapie ist inzwischen weithin anerkannt und wissenschaftlich akzeptiert. Auch wenn es Unterschiede gibt, sind die Prinzipien der Hypnose unabhängig von der verwendeten Methode gleich. Die Art der Hypnose richtet sich in der Regel nach dem gewünschten Resultat. Jede Methode hat deshalb ihre Daseinsberechtigung. Jede einzelne wird von einem Hypnotherapeuten durchgeführt, der den Patienten in eine tiefe Trance versetzt und diesen anschließend durch Suggestionen und Direktive leitet. Im Folgenden sind die wichtigsten Variationen aufgeführt:

HYPNOTHERAPIE

Hypnotherapie ist der Einsatz von Hypnose, um Heilung oder positive Entwicklung in irgendeiner Form zu fördern. Diese Technik haben wir im vorangegangen Kapitel erläutert. Richtig eingesetzt, ist sie ein wichtiges und wirksames Instrument, das dein Leben in neue Bahnen lenken kann, etwa um deinem Seelenverwandten näherzukommen.

Sie wird häufig eingesetzt, um psychologische Probleme behandeln. Effektiv eingesetzt, kann die Hypnotherapie Verhaltensmuster umprogrammieren und Phobien, irrationale Ängste, Süchte und negative Emotionen kontrollieren. Zudem kann Hypnotherapie zur Kontrolle von Schmerz eingesetzt werden. Bei der Hypnotherapie wird häufig eine relativ leichte Hypnose eingesetzt und nicht der tiefe Trancezustand erreicht, der mit der klassischen Form verbunden ist. Die meisten Patienten sind wach und bei vollem Bewusstsein.

Der kritische Aspekt der Hypnotherapie ist, dass der Patient sich vollständig auf die Therapie konzentrieren und auf die Worte des Therapeuten achten muss. Die Aufrechterhaltung einer positiven Beziehung zum Therapeuten ist hierbei entscheidend. Falls der Patient kein Vertrauen in die Behandlung hat, wird die Therapie vermutlich ergebnislos bleiben. Wenn der Patient jedoch optimistisch und aufnahmebereit ist, ist die Erfolgsquote außergewöhnlich hoch.

SELBSTHYPNOSE & AUTOHYPNOSE

Wie der Name bereits suggeriert, basiert diese Technik darauf, dass sich der Betroffene selbst in einen Zustand der Hypnose versetzt. Dies geschieht durch das Erlernen verschiedener Verfahren oder durch das Anhören einer Tonaufnahme. Selbsthypnosen werden oft in der Hypnotherapie eingesetzt und sind mit Tiefenentspannung und Meditation vergleichbar.

Selbsthypnose und Hypnose sind sich sehr ähnlich, der entscheidende Unterschied besteht darin, dass selbstinitiierte Suggestionen zum Einsatz kommen, nicht die Suggestionen eines Therapeuten. Die Annahme, dass jede Hypnose eine Selbsthypnose ist, ist weit verbreitet, da der Hypnotherapeut zwar die Suggestionen liefert, das Ergebnis aber von der Interpretation der Testperson abhängt. Der Therapeut dient als Vehikel, um einen Trancezustand herbeizuführen, aber der Patient verarbeitet letztendlich die Suggestion. Selbsthypnose funktioniert ähnlich wie die Hypnotherapie und ist äußerst effizient bei der Lösung von psychologischen Problemen, Phobien, Stress und Suchtproblemen. Sie wird häufig eingesetzt, um einen Zustand tiefer Entspannung herbeizuführen.

NLP

Vielleicht bist auch du bereits mit NLP (neurolinguistischem Programmieren) in Berührung gekommen. Diese Art der Psychotherapie wurde entwickelt, um psychologische Probleme, Phobien, Depressionen, Gewohnheiten und Lernstörungen zu behandeln. NLP wird zwar immer noch häufig eingesetzt, jedoch zunehmend zur Selbsthilfe, um das Wohlbefinden zu fördern. Diese Therapieform wird zunehmend beliebter und derzeit von Gesundheitsexperten, Geschäftsleuten, Life-Coaches und in Selbsthilfekursen eingesetzt.

ERICKSON-HYPNOSE

Diese Hypnosetechnik wird u.A. als verdeckte Hypnose, Black-Op-Hypnose, Schnellhypnose und/oder als Gesprächshypnose bezeichnet. Hierbei wird eine normale Unterhaltung genutzt, um eine Hypnose herbeizuführen, ohne dass die Versuchsperson das bemerkt. Die Erickson-Hypnose, bzw. Gesprächshypnose wurde von Dr. Milton H. Erickson, einem Hypnotherapeuten, erfunden. Erickson perfektionierte die Sprache, während er an Kinderlähmung erkrankt war, welche ihn jahrelang ans Bett fesselte. Dabei verfeinerte er seine Technik, wodurch er hypnotische Zustände herbeiführen konnte, ohne dass sein Gegenüber es bemerkte.

Diese Art der Hypnose kann bei Patienten angewandt werden, die der Hypnotherapie oder traditionelleren Formen der Hypnose ablehnend gegenüberstehen. Man geht davon aus, dass sie bei misstrauischen Menschen besonders effektiv ist. Wenn du hypnotische Kommunikation und Hypnosetechniken in alltägliche Gespräche miteinbeziehst, kannst du damit einen Trancezustand erzeugen. Dabei handelt es sich um einen geringfügigen Trancezustand, der jedoch sehr effektiv ist.

Diese Technik wurde einst für die Therapie konzeptioniert, hat aber inzwischen auch im Alltag an Bedeutung gewonnen. Sie ermöglicht es, die Kontrolle zu gewinnen und diese Vorteile in vertrauten Situationen zu nutzen. Es existieren zahlreiche Kurse, in denen diese Techniken gelehrt werden. Diese suggerieren oft, dass man damit die Kontrolle über Dritte gewinnen kann. Das stimmt zwar in gewisser Weise, jedoch nur eingeschränkt. Obwohl das Verfahren simpel ist, braucht es Zeit, es zu beherrschen.

HYPNOSE GENAU ERKLÄRT - JENSEITS ALLER MYTHEN

Hypnose ist ein relativ simples und leicht zu erklärendes psychologisches Phänomen. Dennoch wird es häufig als eine Form von schwarzer Magie oder unethischer Mystik fehlinterpretiert. Aufgrund dieser unausgewogenen Darstellung tun viele Menschen die Lehren der Hypnose als bloße Fiktion oder Unfug ab. Mehr noch - Menschen, die hypnotisiert wurden, werden häufig als schwachsinnig oder leichtgläubig abgestempelt. Doch nichts davon trifft zu! Es wird Zeit, den Fehlannahmen auf den Grund zu gehen, und die Kraft der Hypnotherapie auf der Suche nach deinem Seelenverwandten zu nutzen!

HYPNOSE KONTROLLIERT DEIN BEWUSSTSEIN

Hypnose ist in keiner Weise mit einem anderen Bewusstseinszustand zu vergleichen. Oft stellen wir uns vor, dass Patienten auf einem Samtsofa entspannen, die Augen geschlossen halten und ihr Bewusstsein nach innen auf ihr Unterbewusstsein gerichtet ist. Tatsächlich kann Hypnose auch dazu genutzt werden, das Bewusstsein zu erweitern oder zu verengen. Die Bühnenhypnose gibt ein anschauliches Beispiel dafür, wie Hypnose auf normalen Bewusstseinsebenen wirkt. Falls ein Teilnehmer wie ein Huhn gackert oder eine Szene aus einem Film nachspielt, liegt das nicht etwa daran, dass er fremdgesteuert und manipuliert wird. Der Hypnotiseur kommuniziert mit dem Teilnehmer in angemessener Weise und während der gesamten Zeit bleibt der freie Wille erhalten. Es besteht jederzeit die Möglichkeit, die Hypnose zu beenden, aber warum sollte der Teilnehmer das tun, wenn der Spaß im Vordergrund steht?

HYPNOSE TUT NUR SO ALS OB

Oben genannter Teilnehmer ist sich völlig bewusst, dass er während der Hypnose nicht wirklich ein Huhn ist oder sich in einem Film befindet. Er folgt lediglich einer Suggestion, dabei kommt es jedoch auf die Art der Suggestionen an. Der Teilnehmer kann natürlich eine simple Anweisung befolgen, wenn es jedoch heißt: *Erinnere dich an einen Moment deiner Vergangenheit, in der du dich wirklich sicher gefühlt hast*, geht der Effekt darüber hinaus. Der Teilnehmer bildet sich nichts ein, er denkt tatsächlich an unterbewusst gespeicherte Informationen seines Gehirns.

Ich stimme mit Annahmen überein, die davon ausgehen, dass Selbsthypnose die Grundlage einer jeden Hypnose ist. Denn das bedeutet, dass ein Therapeut niemanden dazu bringen kann, gegen seinen Willen zu handeln. Der freie Wille ist stets beiderseitig vorhanden. Dennoch ist es möglich, dass Hypnotiseure unter Einsatz der richtigen Kommunikation nicht alltägliche Verhaltensweisen hervorrufen können.

AUTOBAHN-HYPNOSE / AUTOPILOT

Diese wird lt. Wikipedia folgendermaßen definiert: Autobahn-Hypnose ist ein Zustand, in dem jemand einen Lkw oder ein Auto über weite Strecken fahren und dabei angemessen auf äußere Einflüsse reagieren kann, ohne das bewusst zu tun. In diesem Zustand scheint das Bewusstsein des Fahrers ganz woanders zu sein, um die enormen Mengen an Informationen zu verarbeiten, die für ein sicheres Fahren erforderlich sind. Dies ist jedoch nur ein Ausdruck eines typischen Phänomens, bei dem sich das Bewusstsein und das Unterbewusstsein auf unterschiedliche Aktivitäten zu konzentrieren scheinen. Arbeiter, die einfache und sich wiederholende Tätigkeiten ausführen, wie auch bei Menschen, die unter Schlafmangel leiden, treten vergleichbare Symptome auf. Dies gleicht also dem Autopilot-Modus.

Es handelt sich zwar um einen Trancezustand (also eine Abkehr vom alltäglichen Bewusstsein), doch es findet keine Kommunikation statt, folglich kommt es auch zu keiner Hypnose. Ein ähnlicher und natürlicher Trancezustand tritt ein, wenn du völlig in einen Film eintauchst und das Zeitgefühl dabei verlierst. Wir neigen dazu, diese Zustände mit wirklicher Hypnose zu verwechseln, denn Hypnose ahmt ähnliche Trancezustände nach, um die Suggestionsfähigkeit zu erhöhen. Doch falls keine Suggestionen übermittelt werden, handelt es sich nicht um Hypnose.

HYPNOSE IST KEIN WIRKLICHER KATALYSATOR FÜR PHYSISCHE ODER CHEMISCHE VERÄNDERUNGEN DES KÖRPERS

Da das Gehirn aus elektrochemischen Elementen besteht, die Neuronen genannt werden (und jede Sekunde 50 bis 200 Mal feuern), kann auch alles als Katalysator für eine chemische Veränderung des Körpers wirken. Es reicht bereits, an etwas zu denken, um unsere Gehirnchemie zu ändern. Viele Menschen wollen deshalb wissen, ob Hypnose auch praktisch zu körperlichen Veränderungen wie Gewichtsveränderung, Muskelwachstum oder sogar einer Vergrößerung von Körperteilen führen kann. Die Antwort lautet: Ja, bis zu einem gewissen Punkt.

Hypnose kann deinen Körper nicht dazu zwingen, etwas zu tun, wozu er von Natur aus nicht in der Lage ist. Es hat sich jedoch herausgestellt, dass Hypnose den Körper durch Suggestionen bei spezifischen Veränderungen unterstützen kann. Sowohl in Bezug auf Verhaltensänderungen (etwa bei der Ernährung oder der Workout-Motivation), als auch bei körperlichen Veränderungen (z.B. des Stoffwechsels, der Muskelregeneration, oder Gewebeveränderungen, etwa für die Sehkraft).

Es gilt: Hypnose hilft deinem Körper, sein volles Potenzial auszuschöpfen, doch sie kann keine signifikanten biologischen Körperveränderungen bewirken. Dennoch ist die Wahrscheinlichkeit groß, dass Hypnose dir Informationen über deinen Körper offenbart, die dir vorher nicht bewusst waren.

HYPNOSE SOLLTE NIEMALS OHNE EINEN GESCHULTEN THERAPEUTEN ANGEWANDT WERDEN

Die meisten qualifizierten Hypnotherapeuten raten dazu, einen Fachmann zu konsultieren. Es wäre jedoch unaufrichtig von mir, zu behaupten, dass dies zwingend notwendig ist. Tatsächlich glaube ich, dass jeder etwas Hypnose erlernen sollte, um die Möglichkeiten für sich selbst zu erkunden und zu erforschen.

Hypnose ist etwas vollkommen natürliches, deshalb solltest du sie erforschen, genau wie deinen Geist & Körper in seiner Gesamtheit. Es existieren zahllose Bücher, Podcasts und Videos, die dir dabei helfen, Hypnose zu praktizieren. Experimentiere damit, um ein Gefühl für die verschiedenen Techniken zu bekommen und die Grundprinzipien zu erlernen, auf deren Grundlage die professionelle Hypnotherapie beruht. Ich würde vorschlagen, dass du zunächst mit Selbsthypnosetechniken experimentierst. Nichts allzu Anspruchsvolles. Übe dich darin, durch hypnotische Suggestion in einen Zustand der Entspannung oder leichten Trance zu gelangen. Zudem kannst einem Vertrauten generelle Skripte vorlesen und sie dir vorlesen lassen. Dies ist keine fortgeschrittene Technik, aber einfach und schnell zu praktizieren. Google hierfür „kostenloses Hypnoseskript“ und sieh dir einige aus dem Bereich Selbstvertrauen an. Geh das Lernen zunächst langsam an und gewinne ein Gefühl für die verschiedenen Elemente einer Hypnosesitzung: Einleitung, Skript und verantwortungsvolles Sitzungsende.

Obwohl Hypnose üblicherweise eine angenehme Erfahrung ist, kann auch manches schiefgehen. Du solltest deshalb wissen, wie du eine Sitzung schnell beenden kannst, wenn du merkst, dass du Probleme bekommst. Dies gilt vor allem dann, wenn du dich an komplexere Taktiken wagst, wie etwa. die Anpassung deiner Glaubenssätze oder Charakterprinzipien.

HYPNOSE UND DIE WAHRE LIEBE

Beim Einsatz der Hypnose in Bezug auf die Liebe stellt sich die Frage, ob ein Hypnotherapeut den Patienten dazu veranlassen soll, einen Seelenverwandten zu finden, oder ob der Patient einen anderen Menschen dazu bringen will, sich in ihn zu verlieben. An diesem Punkt wird es kritisch, denn Hypnose kann, wie vorab besprochen, niemanden dazu zwingen, etwas gegen den eigenen Willen zu tun.

Hypnose kann jedoch dazu dienen, die Energie deines Geistes zu nutzen, um (auf natürliche Weise) einen Seelenverwandten anzuziehen. Liebe lässt sich jedoch nicht erzwingen, ebenso wenig eine Seelenverwandtschaft. Wer die Liebe auf natürliche Weise finden will, kann sich jedoch sicher sein, dass Hypnose genau dazu beitragen kann. Sie ermöglicht ein tiefgreifendes Wissen über sich selbst, was bei der Partnersuche von unschätzbarem Wert ist. Wenn man hypnotisiert wird und sich auf die Hypnose einlässt, betritt man einen Zustand tiefer Entspannung, in dem das Unterbewusstsein im Vordergrund steht und Gedanken frei gedeihen lassen.

Somit kannst du dich Gedanken und Erinnerungen stellen, die dich im Leben zurückhalten. Es kann vorkommen, dass Betroffene während der Kindheit durch die Eltern ein emotionales Trauma erlebt haben, wodurch das Unterbewusstsein eine verzerrte Vorstellung davon hat, was Liebe eigentlich ist. Aus diesem Grund lässt man die falschen Menschen an sich heran und bereitet toxischen Beziehungen, Drama und ungesundem Verhalten den Boden. Solch eine Bindung wird dann oft als Liebe fehlinterpretiert. Mit Hilfe der Hypnose kannst du diese Gedanken und Erinnerungen erkennen, angehen und deine Grundüberzeugungen so umgestalten, dass sie mit dem übereinstimmen, was du dir für die Zukunft wünschst - einschließlich deines Lebenspartners. Mit Hypnose deinen Seelenverwandten ins Leben zu holen ist deshalb keinesfalls unnatürlich oder verwerflich.

ERGRÜNDE DIE HYPNOSE UND IHRE GEHEIMNISSE

Immer noch sind viele Menschen besorgt über die natürlichen Grenzen der Hypnose. Es existieren so viele Artikel, Kurse und andere Inhalte zu diesem Thema, dass die Grenzen verschwimmen. Manche widmen sich der Hypnose aus ethischen Gründen und andere zum Zwecke der Manipulation. Die meisten Menschen, die Hypnose erlernen, tun dies jedoch um ihren Geisteszustand besser zu verstehen.

Was also ist Hypnose im Grunde genau genommen? Hypnose ermöglicht dir, schöpferische Bereiche des Geistes zu ergründen, neu zu strukturieren und zu verändern, um eine rationalere, analytischere und wahrnehmungsfähigere

Geisteshaltung zu erreichen. Viele Menschen wollen Hypnose aus den unterschiedlichsten Gründen erlernen. Ich tat dies, weil ich herausfinden wollte, was in der Welt der Hypnose real ist, was objektiv und was subjektiver Natur ist. Am Ende ermöglichten mir die Kurse weit mehr, als ich mir je erhofft hatte. Ich entdeckte etwa, dass man jemanden "vorhypnotisieren", unterschwellig kommunizieren und sich diese Fähigkeit beim Dating zunutze machen kann! Hypnose zu lernen ist wirklich nicht schwer!

Wichtig:
Es existieren zahlreiche Inhalte, Publikationen und Kurse im Internet, die zum Teil sogar kostenlos sind und eine gratis Hypnoseausbildung versprechen. Du solltest hier besonders sorgfältig prüfen, ob dies für dich wirklich zielführend ist und du darauf vertrauen willst...

Die meisten Indikatoren für einen hypnotischen Zustand deuten auf eine als Wachhypnose bezeichnete Entspannungsform hin. Dies ist nützlich, um bei Verabredungen, Vorstellungsgesprächen, Geschäftsabschlüssen oder in der Liebe zielführend zu handeln.

Heutzutage herrschen zwei Theorien vor, welche die moderne Hypnoseforschung beherrschen: State- und Non-State-Hypnose. Erstere betonen, dass Hypnose einen veränderten Bewusstseinszustand voraussetzt und dass dieser veränderte Zustand für die Hypnose elementar ist. Letztere Theorie hingegen besagt, dass Hypnose ein komplexer psychologischer Prozess ist, der häufig als konzentrierte Achtsamkeit des Geistes beschrieben wird.

WIE STEHT ES UM DIE ERFAHRUNGEN DER PATIENTEN?

Ca. 79% dieser Menschen fühlten oder erlebten einen veränderten Geisteszustand. Häufig berichten diese Menschen, dass sie sich nach dem Aufwachen aus der Hypnose besonders entspannt und ausgeglichen fühlen. Ich kann persönlich bestätigen (jeder musste sich während praktischer Übungen im Hypnosekurs selbst hypnotisieren), dass ich wie paralysiert war und gedankenlos Fragen beantwortet habe, vergleichbar einem unbewussten Zustand des Geistes. Als ich aufwachte, fühlte ich mich zum Handeln gezwungen und ich strotzte nur so vor Energie.

REALE HYPNOSE-FAKTEN

Hypnose ist ein abstrakter, aber gleichwohl faszinierender Begriff, der für viele Menschen unterschiedliche Bedeutungen haben kann. Wusstest du, dass Hypnose seit den späten 50er Jahren von der *American Medical Association* für den Einsatz in Krankenhäusern zugelassen ist? Es handelt sich dabei nicht um eine veraltete Therapieform - im Gegenteil! Die Relevanz und Beliebtheit der Hypnose nimmt sukzessive zu. Es scheint, als ob ständig neue Erkenntnisse und Resultate aus aktuellen Studien veröffentlicht werden, die den Nutzen der Hypnose beweisen.

Zu diesem Zweck habe ich mit dem *Hypnosis Live Shop* zusammengearbeitet, um wichtige Informationen für dich zu recherchieren und dir dabei zu helfen, einige der am weitesten verbreiteten Hypnose-Irrtümer zu entlarven. Ich bin mir sicher, dass du die folgenden Absätze sehr aufschlussreich und interessant finden wirst! Also, los geht's!

Hypothese #1: Hypnotiseure haben besondere Kräfte!
Nein, das stimmt leider nicht! Sie können zwar beeindruckende Ergebnisse erzielen, aber diese sind nicht so mystisch oder gar magisch, wie uns Hollywood weismachen will. Hypnotiseure verfügen über keine magischen Fähigkeiten, jedoch über das Wissen und die Erfahrung, um dir in einen intensiven Entspannungszustand zu verhelfen und deinem Geist die richtige Botschaft zur Veränderung zu übermitteln. Jede Hypnose ist, wie vorab erwähnt, Selbsthypnose. Du bist es, der deine mentalen Gewohnheiten ändert! Dein Hypnotherapeut unterstützt dich lediglich bei diesem Prozess.

Hypothese #2: Hypnose ist eine okkulte Praxis und gegen meine Religion!
Nein, sie ist weder esoterisch noch verstößt sie gegen eine Religion. Hypnose ist eine vollkommen sichere und natürliche Methode, um deinen Geist zu beruhigen und positive Affirmationen und Gedanken zu erzeugen. Hypnose ist nur ein Bereich der Psychologie, der keinerlei Ähnlichkeit mit einer Religion aufweist.

Hypothese #3: Mit Hypnose lässt sich nichts verändern!
Unzählige zufriedene Hypnosepatienten bestätigen das Gegenteil und zahlreiche Studien haben die Wirksamkeit der Hypnose in den verschiedensten Bereichen bewiesen!

Die Hypnose wird heute in fast allen modernen therapeutischen Einrichtungen in gewissem Umfang eingesetzt. Sie hat eine dokumentierte Erfolgsquote von 90,6 % bei der Raucherentwöhnung, sofern sie richtig eingesetzt wird (Quelle: School of Medicine/University of Washington). Es wurde festgestellt, dass sie 30 Mal effektiver ist als herkömmliche Methoden zur Gewichtsabnahme (Quelle: Journal of Consulting & clinical psychology). Weiterhin ist erwiesen, dass 75% der Frauen, die Hypnose zur Behandlung von Reizdarmsyndromen einsetzten, eine sofortige und signifikante Linderung erfuhren, während sogar 80% von einer Verbesserung binnen 6 Jahren sprachen (Quelle: American Psychological Association).

Auch beim Kampf gegen Migräne, der Genesung nach einer Operation, der Schmerzlinderung, der Drogenentwöhnung, und bei Bluthochdruck sind Erfolge dokumentiert. Bei der Behandlung von Kindern mit Aufmerksamkeitsdefizitsyndrom ist Hypnose sogar genauso erfolgreich wie Ritalin. Zudem haben Tausende von Menschen weltweit Hypnose eingesetzt, um ihr Selbstvertrauen und ihr Selbstwertgefühl zu stärken, Süchte zu überwinden, Ängste und Phobien zu bekämpfen, endlich abzunehmen, mit dem Rauchen aufzuhören und ihre Gehirnleistung zu steigern, um nur einige Beispiele anzuführen.

EFFEKTIVE SELBSTHYPNOSE ERKLÄRT

Selbsthypnose entsteht, sobald du einen hypnotischen Zustand auslöst und diesen dazu nutzt, um deine Ziele zu erreichen. Das ist etwas ganz anderes, als wenn du dir passiv eine

Selbsthypnose-Aufnahme anhörst und dich von der Stimme einer anderen Person leiten lässt. Aktive Selbsthypnose kann man mit dem Surfen auf einer Welle vergleichen: Du erwischst die Welle und reitest sie, indem du dein Surfboard durch das Wasser manövrierst. Du machst dir die Energie der Welle zunutze und reitest sie bis zum Ziel. Du musst natürlich zuerst lernen, eine Welle zu erwischen, bevor du die Kunst des Wellenreitens beherrschen kannst. Übertragen auf die Selbsthypnose bedeutet dies, dass du lernst, zuerst einen hypnotischen Zustand zu erreichen und danach die Strategien, um die Kraft deines Geistes voll zu nutzen und zu genießen.

Wie kann ich Selbsthypnose erlernen?

Es gibt unzählige Methoden, um Selbsthypnose zu erlernen, darunter Kurse und zahlreiche Bücher. Bestimmte Konzepte, besonders solche, die durch Literatur oder Meditation erlernt werden, können Jahre in Anspruch nehmen, bis man sie beherrscht. Der effektivste Weg, Selbsthypnose zu erlernen, ist, dies in einem hypnotischen Zustand zu tun. Mit nur einer Sitzung kann dir ein ausgebildeter Hypnotherapeut die Grundlagen der Selbsthypnose beibringen. Während du dich in einem tiefen hypnotischen Zustand befindest, erhältst du Tipps, wie du diese Aufgabe auch selbständig durchführen kannst. Dann führst du diese unter Aufsicht aus, um zu prüfen, ob du jeden Schritt verinnerlicht hast. Sobald du die Fähigkeit erlangt hast, selbständig in einen hypnotischen Zustand einzutreten und diesen aufrechtzuerhalten, kannst du zu fortgeschritteneren Methoden wechseln (etwa Schmerzkontrolle, Selbstheilung, Bewusstseinsbildung). Selbsthypnose ermöglicht es dir, schrittweise zu üben und so deine Fähigkeiten zu perfektionieren.

Wo liegen die Grenzen der Selbsthypnose?

Mitunter kann ein Problem zu schwerwiegend sein, um es selbstständig anzupacken. Sollte das der Fall sein, ist es besser, einen Experten zu Rate zu ziehen. Falls du zutiefst deprimiert, traumatisiert oder in einer Krise bist oder unter dem Einfluss ungesunder Gewohnheiten stehst, brauchst du professionelle Hilfe von außen, die eine Kombination aus Beratung und individueller Therapie beinhaltet. Zudem solltest du bei der Behandlung eines medizinischen Problems oder der Linderung körperlicher Symptome besondere Vorsicht walten lassen. Es ist unbedingt erforderlich, dass du dies unter professioneller Aufsicht tust und deinen Arzt darüber informierst, ob die Symptome beseitigt wurden.

Wie unterscheidet sich reale Selbsthypnose vom bloßen Anhören von Selbsthypnose-Aufnahmen?

Es gibt viele Selbsthypnose-Aufnahmen, von denen etliche dir beibringen, wie du dich entspannen kannst. Andere hingegen behaupten gar, schnelle Abhilfe in verschiedenen Bereichen zu bieten, z. B. bei Phobien oder der Regression aus dem vergangenen Leben. Die Hypnose-Aufnahmen für Entspannung und allgemeines Wohlbefinden können nützlich sein, und wenn sie dir Spaß machen, solltest du sie auch weiter anhören.

Entspanne dich einfach und folge den Anweisungen der Stimme! Zahlreiche ausgefeilte Selbsthypnose-Aufnahmen können dich in eine tiefe Trance versetzen - du kannst so eine aufregende Erfahrung erleben, aber das ist **keine** reale Selbsthypnose, denn du erreichst dabei nicht deine innersten Gefühle und Denkweisen. Bevor du dir eine

Selbsthypnose-Aufnahme anhörst, solltest du dir über die Grenzen der Selbsthypnose im Klaren sein - vor allem bei fortgeschrittenen Angeboten, die eine tiefe Trance auslösen können. Falls dich ein traumatisches Ereignis belastet, oder du unter einer Psychose leidest, kann eine tiefe Trance schädlich sein und Gefahren bergen.

Der entscheidende Unterschied zwischen realer Selbsthypnose und dem bloßen Anhören einer Hypnose-Aufnahme ist die aktive Beteiligung, die eine wirkliche Selbsthypnose erfordert. Du begibst dich selbstständig in einen hypnotischen Zustand und nutzt diesen auf individuelle Weise und mit deinen eigenen Beweggründen. Reale Selbsthypnose ist einfach zu praktizieren und extrem wirkungsvoll, denn keiner kennt dich besser als du selbst. Du kannst die wirkungsvollsten Suggestionen nutzen, deine eigenen Worte verwenden, oder deine ganz persönliche Vorstellungskraft nutzen. Dieser letzte individuelle Teil realer Selbsthypnose fehlt beim bloßen Anhören von Selbsthypnose-Aufnahmen.

Jedes Selbsthilfekonzept basiert auf der Selbsthypnose, denn jede Selbsthilfemethode lehrt dich, wie du die Kraft deines Geistes nutzen kannst oder wie du mit Hilfe von Suggestionen deine Ziele erreichst. Auf diese Weise kannst du die Fähigkeit entwickeln, auf alle Aspekte deines Geistes zuzugreifen, um dich mit deinem Körper zu verbinden und ihn zu heilen. Du kannst dich auf Emotionen und Ängste fokussieren und dein Bewusstsein erweitern, indem du auf die spirituellen Aspekte deines Geistes Einfluss nimmst.

HILFT HYPNOSE GEGEN DAS AUFMERKSAMKEITS-DEFIZIT-SYNDROM?

Literatur über Hypnose im Zusammenhang mit ADHS ist leider rar. Vor Kurzem habe ich damit begonnen, den Erfolg von Hypnose bei der Behandlung von ADHS näher zu untersuchen. Hierbei bin ich zu dem Schluss gekommen, dass es zwar eine Fülle von Informationen über die Behandlung von ADHS mit Hypnose gibt, die Wirksamkeit der Behandlung aber keineswegs gesichert ist. Zahlreiche Psychologen und Therapeuten setzen dennoch Hypnose bei der Behandlung von Patienten mit ADHS ein.

Hypnose wird seit langer Zeit therapeutisch genutzt. Ursprünglich kam sie in der Tierhaltung zum Einsatz, um Tiere zu beruhigen. Im 19. Jahrhundert wurde sie in Europa populärer und häufig und erfolgreich zur Behandlung des posttraumatischen Stresssyndroms (PTSS) in Kriegszeiten eingesetzt. Musik, Sprache, Magnetismus, Zeichnen und Bilder erzeugten nachweislich tranceähnliche Zustände. Dies kannst du ganz einfach via Google-Suche selbst recherchieren und dir entsprechende Bilder ansehen. Trotz zahlreicher Nachweise für die Wirksamkeit von Hypnose bei der Behandlung unterschiedlichster Krankheiten haben nicht wenige Ärzte Hypnose als Schwindel abgetan, Mediziner in Asien hatten jedoch seit jeher eine wesentlich positivere Einstellung zur Thematik der Hypnose. Sie haben Hunderte von Forschungen zur Hypnose durchgeführt und deren Wirksamkeit bei der Behandlung von psychischen und physischen Krankheiten bewiesen.

Psychologen und Hypnotherapeuten nehmen an, dass Menschen mit ADHS einfacher hypnotisiert werden können als solche ohne diese Störung und dass Jugendliche leichter hypnotisierbar sind als Erwachsene. Viele Studien, die in renommierten Fachzeitschriften veröffentlicht wurden, haben gezeigt, dass die Anwendung bewährter Hypnosetechniken die Symptome des Tourette-Syndroms, wie auch Kopfschmerzen, Ängste und Depressionen lindern kann. Hypnose, wie auch Meditation, Yoga und Bewegungstherapie helfen den Betroffenen, indem sie Anomalien der ACTH-Beta-Endorphin-Funktion in der Hypothalamus-Hypophysen-Nebennieren-Achse regeneriert.

DIE HISTORIE DER HYPNOSE

Die primäre Variante der Psychotherapie ist die Hypnose (Quelle: Ellenberger, 1970). Wenn wir die religiösen und medizinischen Praktiken der Naturvölker beleuchten, können wir auf die entscheidenden Elemente schließen, die für die Erzeugung der hypnotischen Trance erforderlich sind. Denkbar ist, dass es bestimmte zeremonielle Verhaltensweisen schon lange vor jeder schriftlichen Überlieferung gab. Rhythmische Gesänge, monotone Trommelschläge, angestrengtes Fixieren der Augen und Katalepsie des gesamten Körpers sind an und für sich bereits tranceauslösende Techniken. Deshalb können wir davon ausgehen, dass die Hypnose, wie wir sie heute nennen, schon immer ein Mittel war, um auf das Unterbewusstsein zuzugreifen und dem Bewusstsein zu helfen, die gewünschten Veränderungen und Vorteile zu erlangen. Bis zu Braids Veröffentlichung von 1842 hätte man diese Aktivitäten nicht als Hypnose bezeichnet, obwohl sie hypnotischer Natur sind.

Der früheste überlieferte Bericht über Hypnosetherapie stammt vom Papyrus von Ebers, welches die Theorien und Praktiken der ägyptischen Medizin vor 1552 v. Chr. beleuchtet. Dieses beschreibt eine Behandlung, bei der der Arzt seine Hände auf den Kopf des Patienten legte und unter Berufung auf übermenschliche therapeutische Kräfte besondere Texte zu seinem Patienten sprach, welche zu einer Heilung beitrugen. Sowohl die alten Griechen als auch die Römer praktizierten die Herbeiführung von Schlaf- oder Entspannungszuständen, auch Hippokrates hob das Thema hervor, indem er erklärte, dass trotz der Unfähigkeit des Körpers der menschliche Geist auch mit geschlossenen Augen gut sieht. Leider betrachtete das frühe Christentum diese Praxis als Sakrileg und brachte diese mit okkulten Praktiken in Verbindung, was schließlich zum Vorwurf der Hexerei führte.

Dr. James Braid (1775-1860), ein schottischer Optiker, entdeckte 1841 zufällig, dass jemand, die auf einen Gegenstand fixiert ist, leicht in einen Trancezustand versetzt werden kann, ohne die von Dr. Mesmer befürworteten Hilfsmittel zu nutzen. Er veröffentlichte seine Entdeckungen, lehnte Mesmers Studien jedoch ab und prägte fälschlicherweise den Begriff *Hypnose* aus dem griechischen Wort für „Schlaf".

Im Laufe seiner Forschungen zur Hypnose entwickelte Braid die folgenden Ableitungen, die auch heute noch Gültigkeit besitzen:

- Eine hypnotische Behandlung ist weder mit großen Gefahren noch mit Schmerzen oder Unannehmlichkeiten verbunden.

- Hypnose ist ein mächtiges Werkzeug, das ausschließlich ausgebildeten Fachleuten vorbehalten sein sollte.

Obwohl die Hypnose viele Krankheiten heilen konnte, für die es bisher kein Mittel gab, war sie dennoch kein Allheilmittel. Sie war lediglich ein medizinisches Hilfsmittel, das in Kombination mit anderen medizinischen und Medikamenten eingesetzt werden konnte, um Praktiken korrekt zu behandeln.

Auguste Ambrose Liebeault (1823-1904) und Hippolyte Bernheim (1840-1919) gründeten schließlich die Nancy-School, die maßgeblich dazu beitrug, eine Form der Hypnose zu etablieren, die weithin akzeptiert wurde. Liebelt wird häufig als einfacher Landarzt bezeichnet, aber durch die Behandlung der Landbevölkerung von Nancy sammelte er große Erfahrung und Fachkenntnisse in der Hypnose. Im Jahr 1860 begann er mit seiner ersten Untersuchung auf diesem Gebiet. Im Jahr 1882 behandelte er erfolgreich Ischias bei einem Patienten, der zuvor von anderen Medizinern erfolglos therapiert worden war.

Bernheim war ein kultivierter Pariser Arzt, der regelmäßig die Stadt Nancy besuchte, was die beiden Männer zu engen Freunden und Kollegenn machte. Bernheim veröffentlichte "De la Sugestion", die erste Hälfte seines Buches, erstmals 1884. Im Jahr 1886 wurde die zweite Hälfte, "La Therapeutic Sugestion", veröffentlicht. Das Erscheinen dieser beiden Bände weckte das Interesse an Liebeaults Buch, das zwanzig Jahre zuvor veröffentlicht worden war und sich damals nur ein einziges Mal verkauft hatte.

1882 hielt Jean-Martin Charcot (1835-1893) vor der französischen Akademie der Wissenschaften einen Vortrag über seine Ergebnisse zur Hypnose. Charcot glaubte, dass Hypnose im Grunde genommen Hysterie sei. Viele Menschen schenkten seiner Argumentation Glauben, weil er Neurologe war. Charcot gewann jedoch Erkenntnisse über die Hypnose durch seine Arbeit mit zwölf Patienten der Salpetriere. Die meisten seiner Erkenntnisse zu diesem Thema basierten auf dieser kleinen Stichprobe. Die Nancy-School argumentierte gegen Charcots Schlussfolgerungen und behauptete, Hypnose sei ein natürliches Ergebnis der Suggestion.

Pierre Marie Félix Janet (1859-1947) war ein französischer Neurologe und Psychologe, der unter Jean-Martin Charcot am Psychologischen Labor des Pariser Krankenhauses Pitié-Salpêtrière studierte. Er war in mancher Hinsicht früher dran als Sigmund Freud. Viele halten Janet deshalb für den eigentlichen Begründer der Psychoanalyse und Psychotherapie und nicht ewa Freud. Er stellte seine Erkenntnisse zunächst 1889 in seiner philosophischen Dissertation und 1892 in seiner medizinischen Dissertation "L'état Mental des Hystériques" vor. Er war der erste, der eine Verbindung zwischen früheren Erfahrungen im Leben einer Person und ihrem aktuellen Trauma herstellte und die Begriffe Dissoziation und Unterbewusstes prägte. Er war zudem für die Dissoziationshypothese der Hypnose verantwortlich und stand der Hypnose zunächst ablehnend gegenüber, bis er ihre beruhigende Wirkung und die Möglichkeit, die Heilung zu fördern, entdeckte.

Janet begann seine Karriere als Dozent für Psychologie an der Sorbonne-Universität im Jahr 1898. Im Jahr 1902 wurde er auf den Lehrstuhl für experimentelle und vergleichende Psychologie am Collège de France berufen, dies war eine Position, die er bis 1936 innehatte. Ab 1913 war er Mitglied des Institut de France und veröffentlichte 1923 eine kanonische Abhandlung über die Suggestion, "La Médecine Psychologique". Zwischen 1928 und 1932 erschienen durch ihn zahlreiche maßgebliche Studien über das Gedächtnis. 1908 wurden seine Vorlesungen an der Harvard University unter dem Titel "The Major Symptoms of Hysteria" veröffentlicht. Harvard verlieh ihm 1936 die Ehrendoktorwürde.

Josef Breuer (1842-1925) war ein in Wien geborener österreichischer Arzt, dessen Schriften den Grundstein für die Psychoanalyse legten. Er schloss 1858 das Akademische Gymnasium in Wien ab und verbrachte anschließend ein Jahr an der Universität, bevor er sich an der medizinischen Fakultät in Wien einschrieb. Er bestand sein medizinisches Examen im Jahr 1867 und begann an der Universität als Assistent des Internisten Johann Oppolzer zu arbeiten. Josef Breuer entdeckte, dass sich manche Menschen während der Hypnose an vergessen geglaubte Ereignisse erinnern konnten, was bei der Behandlung verschiedener Krankheiten hilfreich zu sein schien. Er bezeichnete dies als *sprechende Heilung*. Während des Ersten Weltkriegs nutzten die deutschen Truppen diese Methode, um den Explosionsschock durch Hypnose zu behandeln.

Sigmund Freud (1856-1939), der Begründer der Psychoanalyse, experimentierte in seiner frühen Schaffenszeit mit Hypnose, war aber bald desillusioniert von diesem Konzept. Es herrscht die Ansicht vor, dass ihm die für die

Hypnose erforderliche Geduld fehlte und er ein eher schlechter Hypnotiseur war. Zwischen 1883 und 1887 wuchs sein Interesse an der Hypnose jedoch und er führte sie fortwährend durch. Er übersetzte auch Bernheims "De la Suggestion" ins Deutsche.

Freud und sein Mitarbeiter Joseph Breuer setzten die Hypnose erfolgreich in der Psychotherapie in Wien ein und veröffentlichten 1895 ihre bahnbrechenden *Studien der Hysterie*. Freud besuchte Nancy im Jahr 1889 und war von den „bedeutenden mentalen Prozessen, die dem Bewusstsein der Menschen verborgen bleiben", überzeugt. Als eine Patientin, die er aus der Hypnose aufgeweckt hatte, ihre Arme um seinen Hals legte, entdeckte er die positive Suggestion. Er meinte: „Ich war bescheiden genug, den Vorfall nicht meinem eigenen unwiderstehlichen Wirken zuzuschreiben, und ich dachte, dass ich nun die Natur des rätselhaften Elements, das hinter der Hypnose steckt, verstanden hatte".

Später gab er die Hypnose auf, weil er sie für unwirksam hielt, und widmete sich der Entwicklung der Psychoanalyse. Er verlagerte seinen Schwerpunkt auf die Analyse und die freie Assoziation. Diese Abkehr war für die Hypnose schädlich, vor allem im Zusammenhang mit der Psychologie, denn sie förderte dauerhafte Vorurteile und falsche Vorstellungen, die sich erst in letzter Zeit aufzulösen begannen. Das Interesse an der Hypnose ließ speziell mit der Einführung der Psychoanalyse und der Verwendung von Anästhetika nach.

Dr. Emile Coué (1857-1926) war ein weiterer früher Befürworter der zeitgenössischen Hypnose und der Selbstentfaltung. Ende des 19. Jahrhunderts glaubte er an die

Autosuggestion und die Fähigkeiten des Hypnotiseurs als Vermittler von Veränderung und Heilung durch die Beteiligung des Klienten am Hypnoseprozess. Bis 1887 hatte Coué das Konzept der Autosuggestion entwickelt und damit zum ersten Mal die sogenannte Ich-Stärkung (ein zentraler Punkt der traditionellen okkulten und schamanischen Techniken) auf die moderne Wissenschaft übertragen. Er glaubte an die Bedeutung der Vorstellungskraft bei der Beeinflussung des Willens einer Person und führte Tests durch, um festzustellen, wie sich Suggestionen auf das Verhalten von Menschen auswirkten. Sein bekannter Selbsthilfe-Slogan "Jeden Tag ein Stückchen besser" wird immer noch in etlichen Therapien zur Selbstverbesserung zitiert.

Die Gesetze der Suggestion von Coué:

1. Das Gesetz der konzentrierten Aufmerksamkeit - "Wenn die Aufmerksamkeit immer wieder auf eine Idee konzentriert wird, neigt diese spontan dazu, sich selbst zu verwirklichen."
2. Das Gesetz der umgekehrten Wirkung - "Je mehr man sich anstrengt, etwas zu tun, desto geringer ist die Chance, dass man Erfolg hat."
3. Das Gesetz der Dominanz - "Ein stärkeres Gefühl neigt dazu, ein schwächeres zu ersetzen."

Coué war der Meinung, dass er die Patienten nicht heilte, sondern ihre Selbstheilung förderte. Er erkannte die entscheidende Rolle der Mitwirkung der Versuchsperson bei der Hypnose und nahm damit die Vorstellung vorweg, dass es so etwas wie Hypnose nicht gibt, *sondern ausschließlich Selbsthypnose*. Seine vielleicht berühmteste Behauptung lautete, dass die Vorstellungskraft immer stärker ist als der Wille. Wenn man Personen zum Beispiel bat, über ein Stück Holz auf dem Boden zu gehen, konnten die meisten dies tun, ohne dabei zu wackeln. Wenn sie jedoch aufgefordert wurden, die Augen zu schließen und sich das Brett freischwebend vorzustellen, schwankten die Menschen dabei stets auffallend. Coué könnte auch den Placebo-Effekt vorweggenommen haben, eine Behandlung ohne intrinsischen Wert, deren Wirksamkeit auf einer Suggestion beruht.

Dr. Oskar Vogt erfand die "Fraktionierungsmethode" und einer seiner Schüler, Johannes Schultz, führte später das Autogene Training ein, das viele als eine Art Selbsthypnose betrachten.

Ivan P. Pavlov (1849-1936), ein russischer Wissenschaftler, leistete Pionierarbeit bei der Erforschung der Konzepte und Methoden der Hypnose. Er ist vor allem für die Entdeckung der Pawlowschen Reaktion, eines konditionierten Reflexes, bekannt. Nach dem Ersten Weltkrieg erlebten die Hypnose und ihre therapeutischen Anwendungen eine Renaissance, als Psychiater feststellten, dass Soldaten, die unter psychologischen Traumata wie Lähmungen und Amnesie litten, effektiv auf Hypnose reagierten und schnell behandelt werden konnten.

Milton Erickson (1932-1974) war ein Psychologe und Psychiater, der die Hypnose revolutionierte, indem er die Kunst der indirekten Suggestion entwickelte. Er gilt weithin als der Begründer der modernen Hypnose und setzte sowohl verbale als auch nonverbale Suggestionsstrategien ein, darunter Metaphern, Bilder, Überraschungen und Humor, um das Bewusstsein zu umgehen. Erickson setzte die Hypnose während seiner gesamten Laufbahn ein, um seine Klienten in ihrer Entwicklung und Rehabilitation zu unterstützen. Er war ein exzellenter und intuitiver Beobachter, der es verstand, schnell eine Beziehung zu seinen Patienten aufzubauen. Seine Hypnosetechniken, die heute als *Erickson-Hypnose* bezeichnet werden, gaben der modernen Hypnotherapie eine neue Tiefe. In Verbindung mit Satir und Perls diente seine Arbeit als Grundlage für Bandler und Grinders Neuro-Linguistisches Programmieren (NLP).

Albert Mason war ein junger Anästhesist, der in einem Krankenhaus in East Grinstead, Sussex, England, arbeitete, einem Spezialzentrum für plastische Chirurgie nach dem Zweiten Weltkrieg. Mr. Moore, der Chirurg, mit dem er zusammenarbeitete, war eines Tages wütend, als die Hauttransplantation, die er bei einem Teenager durchgeführt hatte, fehlschlug und die Probleme nur verschlimmerte. Der Junge litt an einem schweren Fall von Ichthyose. Dabei handelt es sich um eine genetische Störung, bei der der Patient weniger Schweiß- und Talgdrüsen als der Durchschnitt hat, was zu trockener, schuppiger Haut führt. Der Körper des Jungen war fast vollständig mit einer dicken Schicht harter, trockener Haut bedeckt, aus der häufig ein karmesinrotes Serum tropfte. Der Jugendliche, der das Kind mit der Elefantenhaut genannt wurde, litt seit seiner Geburt an dieser Krankheit und konnte von der traditionellen Medizin nicht behandelt werden. Dies war seine zweite Hauttransplantation, doch jedes Mal brach das Problem wieder auf.

Vielleicht in Unkenntnis der gängigen Meinung der Mediziner, dass Hypnose nicht zur Behandlung von angeborenen

Krankheiten eingesetzt werden sollte, bot Dr. Mason dem Jungen seine Hilfe an. Er hypnotisierte den Jungen vor einem Dutzend skeptischer Ärzte. Fünf Tage später löste sich die schuppige Haut auf dem linken Arm des Jungen auf und gab den Blick auf die rötliche, aber ansonsten normale Haut darunter frei. Nach zehn Tagen war der Arm des Jungen vollständig geheilt. Dr. Mason wandte die Hypnose dann auch bei anderen Körperteilen des Jungen an und erzielte außergewöhnliche Ergebnisse. Der Fall wurde 1952 im *British Medical Journal* veröffentlicht. Drei Jahre später veröffentlichte Dr. Mason einen Folgeartikel, in dem er feststellte, dass die Ergebnisse von Dauer zu sein schienen. Albert wurde von Menschen, die an Ichthyose litten, geschätzt, aber er konnte die Erfolge des Jungen nie wiederholen. Albert schlussfolgerte, dass man zu diesem Zeitpunkt annahm, dass Ichthyose nicht mit Hypnose behandelt werden konnte und dass dies dem Patienten auf irgendeine Weise mitgeteilt wurde und damit seinen Erfolg behinderte.

Das britische Parlament verabschiedete 1952 den Hypnotism Act. Dieser wurde geschaffen, um die Öffentlichkeit vor potenziell gefährlichen Bühnenhypnoseaktivitäten zu schützen. Obgleich Hypnose in den Händen von entsprechend ausgebildeten Ärzten und Therapeuten ein äußerst wirksames Instrument ist, glauben viele, dass sie zu mächtig sei, um zu Unterhaltungszwecken damit zu spielen. Im Laufe der Geschichte hat es immer wieder öffentliche Hypnosevorführungen gegeben, bei denen die Aufführer im Anschluss an ihre Darbietungen häufig auch private Sitzungen gaben. Das Image der Hypnose wurde jedoch von einigen Scharlatanen angekratzt, die nur einfache Routinen oder bezahlte Handlanger einsetzten.

Der Erfolg eines amerikanischen Bühnenhypnotiseurs, Ormond McGill, ließ das Interesse an der Hypnose wieder aufleben. McGill leistete nicht nur Pionierarbeit bei der Hypnose als Form der Fernsehunterhaltung, sondern verfasste auch das, was heute als die Bibel der Bühnenhypnose gilt: *The New Encyclopedia of Stage Hypnotism and Professional Stage Hypnotism*. In Großbritannien folgte auf die Rückkehr der Bühnenhypnose eine wachsende Besorgnis über die potenziellen Risiken der Bühnenhypnose, was zur Einführung des Hypnotism Act von 1952 führte.

Das Innenministerium richtete 1994 ein Expertengremium ein, das alle Hinweise auf mögliche Schäden für Teilnehmer an öffentlichen Unterhaltungsveranstaltungen, bei denen Hypnose eingesetzt wird, untersuchen und die Wirksamkeit des Gesetzes über Hypnose zur Unterhaltung bewerten sollte. 1995 gab das Parlament die Veröffentlichung der Ergebnisse des Expertengremiums bekannt, das feststellte, dass es keine Beweise für eine erhebliche Schädigung der Teilnehmer an Bühnenhypnose gibt und dass das Risiko, das dennoch besteht, weitaus geringer ist als bei einer Vielzahl anderer Aktivitäten.

Weitere Meilensteine der Hypnose

- Die Hypnose wurde 1955 von der British Medical Association (BMA) offiziell als Hilfsmittel in der Medizin anerkannt.

- In den USA akzeptierte der Council on Medical health der American Medical Association 1958 die Anwendung der Hypnotherapie.

- Am 4. Mai 1955 gründete William J. Bryan Jr. (1924-1977), ein Mediziner, Geistlicher und Anwalt, das American Institute of Hypnosis und wurde dessen erster Präsident. Es wurde als eine Bildungsorganisation gegründet, die sich der Förderung aller Stufen der Hypnose in den Bereichen Medizin und Zahnmedizin zu fördern. Das Institut wurde also gegründet, um eine Lücke in diesem Bereich zu füllen. Dem Institut gehörten Fachleute aus der Medizin, Zahnmedizin, Psychologie, Psychiatrie und Theologie an. Es wuchs schnell und wurde schließlich zur weltweit renommiertesten Bildungseinrichtung, die sich ausschließlich mit der Ausbildung von Ärzten und Zahnärzten in Hypnose in der Medizin und Zahnmedizin befasste.

In den 1970er Jahren gelang ein Durchbruch bei der Selbstverbesserung und der Mobilisierung innerer Ressourcen. Obwohl dies primär nichts mit Hypnose zu tun hat, können viele diese Ansätze mit oder als Ergänzung zur Hypnotherapie verwendet werden. Der Informationswissenschaftler Richard Brandler und der Linguistikprofessor John Grindler haben diese Methode entwickelt. Sie prägten den Begriff Neuro-Linguistisches Programmieren (NLP). Es basiert zu einem großen Teil auf dem Studium, dem Verständnis und der Weiterentwicklung der Psychotherapiemethoden von Milton H. Erickson durch seine beiden Gründer. NLP ist eine Technik für persönliches Wachstum, die sich unsere Neurologie und kognitiven Muster, die Art und Weise, wie wir unsere Gedanken ausdrücken und wie sie uns beeinflussen, sowie unsere Verhaltensweisen und Zielsetzungen zunutze macht. Dies wurde auch als die "ultimative Gehirnsoftware" bezeichnet.

WARUM DU HYPNOSE ERLERNEN SOLLTEST

Mir ist bewusst, dass du dich für Hypnose interessierst und nach Informationen suchst, um herauszufinden, ob Hypnose dir dabei helfen kann, deine Probleme zu lösen. Ich verstehe das auch deshalb, weil ich vor ein paar Jahren in einer ähnlichen Situation wie du gelandet bin. Anfangs war ich der Hypnose gegenüber misstrauisch, doch später änderte ich meinen Standpunkt. Hypnose wird eingesetzt, um grundlegende Probleme zu lösen und wirkt so nachhaltig, dass du dich mit nur wenigen Hypnosesitzungen von Problemen wie zwanghaftem Essen, Stress und Beziehungsproblemen lösen kannst!

Ich möchte nun näher erklären, warum ich mich entschieden habe, Hypnose zu erlernen. Seit langem verspürteich den inneren Antrieb und die ungezähmte Neugier, mehr über mich selbst zu erfahren, mein inneres Selbst zu ergründen und herauszufinden, was mich blockierte. Ich entdeckte schließlich die Vorteile der Achtsamkeit und die Wunder der Meditation und war fasziniert. Schließlich stieß ich dabei auch auf das Thema Hypnose. Von diesem ersten Moment an eröffnete sich eine neue Welt für mich und weckte mein Interesse. Ich erkannte, dass Hypnose das Potenzial besitzt, mein Leben nachhaltig zu verbessern. Ich werde dir einige Symptome nennen, mit denen ich seinerzeit zu kämpfen hatte und die auch dir bestimmt bekannt vorkommen.

- Stress: Ich fühlte mich häufig gestresst, vor allem durch die Arbeit mit meinen Kunden.

- Angst: Manchmal, wenn ich vor größeren Problemen stand, stieg das Gefühl innerer Angst empor

- Lernprobleme: Jahrelang hatte ich mich bemüht, ein Instrument zu erlernen, doch fehlendes Selbstvertrauen blockierte mich

- Beziehungprobleme: Als Paar hatten wir in früheren Jahren schmerzhafte Erfahrungen machen müssen, die aus Missverständnissen resultierten und uns voneinander distanzierten.

- Fehlende Zielstrebigkeit: Es gab Phasen in meinem Leben, in denen ich wenig bis gar keine Motivation hatte, voranzukommen und meine Ziele zu erreichen.

Schließlich war es die Hypnose, die mir die entscheidenden Impulse gab und diese inneren Probleme nach und nach beseitigte. Ich erlebte unglaubliche Veränderungen in meinem Leben und nahm mir vor, auch anderen mit ähnlichen Problemen zu helfen. Für mich selbst habe ich Hypnose seitdem immer wieder eingesetzt, um limitierende Überzeugungen loszuwerden, etwa die, dass ich nicht mehr in der Lage wäre, eine Fremdsprache zu lernen. Das Resultat war verblüffend! Weniger als drei Monate nach meiner ersten Hypnosesitzung beherrschte ich mehr als 80 % der neuen Fremdsprache und ich verbessere mich nach wie vor noch täglich! All dies war das Resultat der Hypnose und ihrer Auswirkungen auf mein Leben und meine Gewohnheiten.

Falls du immer noch skeptisch gegenüber Hypnose bist, dann möchte ich dich jetzt fragen:

Bist du bereit, die Hypnose zu nutzen und ihre Vorteile zu erfahren um große wie kleine Probleme zu bewältigen, mit denen du bisher nicht fertig wurdest?

Wenn du die Hypnose erlernst, kannst du dich selbst oder deine Nächsten mit einem besseren Leben bescheren. Du kannst Hypnose auf folgende Weise einsetzen:

- Für deine Kinder und deren mentale Entspannung
- Zur Beseitigung von Beziehungsproblemen oder zur Anziehung deines Seelenverwandten durch Selbstoptimierung
- Für dich selbst, um gelassener und friedlicher den Alltag zu bestreiten
- Für eine gesündere und nachhaltigere Ernährung

Nutze diese Chance für ein erfüllteres Leben!

DER ERFOLGSNACHWEIS

Es existieren unzählige verschiedene Ansichten über die Legitimation der Hypnose als Therapieform. Wissenschaftliche Untersuchungen scheinen zunehmend zu belegen, dass Hypnose eine legitime Therapieform ist, die großen Erfolg verspricht. Es ist nur logisch, dass du eine Bestätigung suchst, um eine alternative Therapie wie die Hypnose tatsächlich in Betracht zu ziehen. In den vergangenen Jahrzehnten wurden wissenschaftliche Forschungen durchgeführt, die alle zu demselben Schluss kommen: Hypnose funktioniert!

Hypnose bei der Heilung

Im Jahr 2003 führte die Harvard Medical School ein Experiment durch, um die Wirkung von Hypnose für die Dauer der körperlichen Regeneration nach Frakturen zu ermitteln. In dieser Studie wurden zwölf Patienten mit gebrochenen Knöcheln untersucht, von denen die Hälfte eine konventionelle Behandlung erhielt und die andere Hälfte zusätzlich Hypnotherapiesitzungen erhielt.

Die Ergebnisse waren verblüffend: Diejenigen, die mit Hypnose behandelt wurden, heilten innerhalb von sechs Wochen, während die Gruppe ohne Hypnose achteinhalb Wochen zur Heilung benötigte. Der Beweis, dass Hypnose in diesem Fall funktionierte, war erbracht. Allein dadurch, dass Hypnose in die Therapie einbezogen wurde, heilten Personen mit Knochenbrüchen fast 25 % schneller als diejenigen, die nur konventionelle Behandlung erhielten.

Diese Studie könnte für Sportler von besonderem Interesse sein, die ihren Genesungsprozess beschleunigen wollen, um schnell wieder zum Training und zu Wettkämpfen zurückzukehren.

Schmerzkontrolle

Forscher der *University of Iowa Health Science Relations* untersuchten mit Hilfe von Magnetresonanztomographie-Scans (fMRI) die Auswirkungen von Hypnose auf die Schmerzkontrolle. Die Studie fand heraus, dass hypnotisierte Teilnehmer bei Hitzeeinwirkung ein geringeres Unbehagen empfanden als diejenigen, die keine Hypnose erhielten. Die Gehirnscans bestätigten diesen Befund, der bei den hypnotisierten Probanden deutlich abweichende Muster der Gehirnaktivität zeigte als bei den nicht hypnotisierten. Dies deutete darauf hin, dass Hypnose die Schmerzsignale des Gehirns unterdrückt.

Auswirkung der Hypnose bei der Messung der Gehirnströme

2009 entdeckten Forscher der Universität Hull, dass Hypnose einen spürbaren Einfluss auf die Gehirnaktivität hat, während diese gescannt wird. Wie einige Skeptiker behaupten, beweist dies, dass es sich bei Hypnose nicht um einen Placebo-Effekt handelt. Dr. Michael Heap, der Psychologe der Studie, stellte fest, dass Hypnose den Geist auf Suggestion vorbereitet. Diese Studie belegt, dass Hypnose funktioniert und erklärt ausführlich, wie sie das tut.

Ich habe lediglich drei der zahlreichen Forschungsarbeiten über Hypnose erwähnt, aber es gibt noch viele weitere. Es gibt Belege dafür, dass Hypnose bei der Gewichtsabnahme, der Behandlung des Reizdarmsyndroms, bei Hautkrankheiten und zur Verbesserung der Fruchtbarkeit wirksam ist. Der vielleicht schlüssigste Beweis dafür, dass Hypnose funktioniert, kann erbracht werden, indem man sie selbst ausprobiert. Selbst Prominente wie Matt Damon und Ellen DeGeneres haben zugegeben, dass Hypnose ihnen geholfen hat, mit dem Rauchen aufzuhören.

KANN ICH HYPNOSE ZUR GEWICHTSABNAHME EINSETZEN?

Am einfachsten könnte man Skeptiker der Hypnose wohl überzeugen, indem man ein offensichtlich nachvollziehbares Ergebnis anvisiert: die Gewichtsreduktion! Könnte Hypnose dir wirklich beim Abnehmen helfen?

Seit ich mit dem Krafttraining angefangen habe, habe ich mich jahrzehntelang über dasselbe Problem gewundert.

Dr. Judd Biasiotto veröffentlichte Ende der 1980er Jahre mehrere Bücher über die Macht des Geistes im Sportbereich, darunter eines mit dem Titel *Hypnotize Me* und *Make Me Great*. Dieses 70-seitige Buch, das inzwischen nicht mehr verlegt wird (aber immer noch einen besonderen Platz in meinem Regal hat), war eine der Veröffentlichungen, die mein Interesse an Gedankenkraft und Hypnose geweckt haben.

Für alle, die mit Kraftsport nicht vertraut sind: Beim Autor oben genannter Bücher handelt es sich um einen Mann, der 300kg bei einem Körpergewicht von 66kg gebeugt hat - eine unglaubliche Leistung, wie jeder Powerlifter bestätigen wird. Wenn ein solcher Weltklasse-Athlet mit einem Doktortitel in Sportpsychologie behauptet, dass Hypnose als Teil seines Trainingsprogramms entscheidend für seinen Erfolg war, dann ist das schon sehr überzeugend.

Auch nach all diesen Jahren hat meine Faszination für Hypnose und die Kräfte des Geistes nie nachgelassen. Ich habe Selbsthypnose und Hypnose-CDs verwendet, um die Leistung im Sport zu verbessern, während des Trainings maximale Intensität zu erzeugen und die Schmerzgrenzen zu überwinden. Ich glaube zwar nicht, dass Hypnose magisch ist, aber sie hat sich als nützlich erwiesen. Darüber hinaus denke ich, dass ein umfassendes mentales Trainingsprogramm, das Hypnotherapie beinhalten kann, die Wirksamkeit eines Gewichtsverlustprogramms beeinflussen und Sportlern einen Wettbewerbsvorteil verschaffen kann.

Selbstverständlich kommt deine bessere Gesundheit in Kombination mit attraktivem Aussehen dir auch bei der Partnersuche zugute!

Jeder erfahrene Trainer wird dir sagen, dass es keinen Unterschied macht, welche Diät oder welches Trainingsprogramm wir befolgen, wenn wir uns nicht regelmäßig daran halten können. Etliche Probleme, wie Inkonsistenz und Antriebslosigkeit sind psychologischer und nicht physischer Natur. Tatsache ist, dass der Geist für Suggestionen empfänglich ist (insbesondere der Geist eines jungen Menschen). In gewisser Weise ist das Lesen der Zeitung oder das Fernsehen Hypnose oder mentale Programmierung. Wenn wir uns nicht bewusst dafür entscheiden, einzigartig zu sein und das zu werden, was wir sein möchten, sind wir bloß darauf programmiert, uns an kulturelle Konventionen anzupassen.

Hypnose ermöglicht dir einen Zustand veränderten Bewusstseins und erhöhter Konzentration,der dich besonders empfänglich für Suggestionen, also die Botschaften deines Hypnotherapeuten macht. Wenn das Unterbewusstsein diese neue Botschaft erhält, stimuliert dies positive Verhaltensweisen. Während manche Menschen von signifikanten Erfolgen mit Hypnose berichten, tun andere dies nicht. Doch welche Ergebnisse können wir ganz konkret von Hypnose erwarten? Könnte Hypnose dir dabei helfen, Gewicht zu verlieren oder andere Aspekte deines Körpers zu verändern?

Ich glaube fest an eine Geist-Körper-Verbindung und bin sicher, dass es für das Gehirn, das zentrale Nervensystem und das Unterbewusstsein wichtig ist, mit den verschiedenen Zellen im Körper zu kommunizieren, die bei der Heilung eine Rolle spielen können. Ich bin der Überzeugung, dass der menschliche Körper außergewöhnliche Selbstheilungskräfte hat, die auch du dir zunutze machen solltest.

Es gibt viele faszinierende und realistische Hypothesen. Darüber hinaus müssen wir den Placebo-Effekt untersuchen und zeigen, wie ein bloßer Gedanke die Biologie auf absolut bemerkenswerte Weise verändern kann. Hypnose kann dir helfen, deine Essgewohnheiten zu ändern, oder auch dabei, dich im Fitnessstudio mehr anzustrengen. Der Erfolg erfolgt also aufgrund von Verhaltensänderungen (besser essen und härter trainieren).

So ist es auch beim Abnehmen: Wird Hypnose deinen Stoffwechsel durch eine Geist-Körper-Verbindung auf wundersame Weise ankurbeln? Obwohl ich es vorziehe, offen zu sein, bezweifle ich das sehr und bin skeptisch gegenüber Hypnotherapeuten, die behaupten, deinen Stoffwechsel erhöhen zu können. Falls es möglich ist, bezweifle ich, dass es jemals wissenschaftlich bewiesen werden wird. Daher kann es letztendlich nur auf deine Bereitschaft hinauslaufen, solchen Behauptungen zu glauben.

Obwohl die Ergebnisse nicht schlüssig sind, beweisen einige klinisch-psychologische Forschungsergebnisse, die in Fachzeitschriften mit Peer-Review veröffentlicht wurden, eine gesunde Gewichtsabnahme durch Hypnose. Hypnosesitzungen können für etliche Menschen eine sinnvolle Ergänzung zu einem umfassenden Fitness-, Ernährungs- und Lifestyle-Programm bieten, wenn sie von einem glaubwürdigen und qualifizierten Hypnotherapeuten durchgeführt werden. Wenn wir jedoch wirklich erfolgreich sein wollen, müssen wir die Verantwortung für den Wandel übernehmen, eine aktive Rolle bei dessen Gestaltung einnehmen und uns bemühen. Wir müssen gleichzeitig sowohl auf der körperlichen als auch auf der mentalen Ebene arbeiten, statt einfach nur positiv zu denken oder uns auf bloße Anleitungen zu verlassen.

Falls du bereits einen organisierten Trainings- und Ernährungsplan haben solltest, aber Schwierigkeiten hast, dein Verhalten zu ändern, kann es sich lohnen, eine Hypnotherapie zu nutzen. Sowohl bei der Ernährung als auch beim Sport, wird dir die neu hinzugewonnene Konsistenz später helfen, schlank und damit auch attraktiv für deinen Traumpartner und Seelenverwandten zu bleiben.

HÄUFIGE FRAGEN, DIE BESTIMMT AUCH DICH BESCHÄFTIGEN

Im Internet kursieren so viele Fehlinformationen über Hypnose, dass ich mich gezwungen fühlte, einiges davon zu korrigieren. Wissen ist Macht - und das gilt auch für die Hypnose! Los geht's:

Funktioniert Hypnose?
Definitiv! Die modernen Anwendungsformen der Hypnose haben diese zu einer angesehenen und hochgeschätzten Methode der Heilkunst gemacht. Historisch verbreitete Überzeugungen und Missverständnisse über Hypnose wurden durch ihre ethische Anwendung in Recht, Medizin, Psychologie, Zahnmedizin, Bildung, Sport und Selbstverbesserung verbessert. Hypnose hat inzwischen Millionen von Menschen geholfen. Hunderttausende, wenn nicht Millionen Europäer wenden jeden Tag Hypnose an.

Was ist das Unterbewusstsein?

Unser Unterbewusstsein steuert unser Verhalten, Gedächtnis, Kreativität und auch unsere Emotionen. Darüber hinaus wirkt es sich auf alle Systeme im Körper aus und - es ist suggestiv! Das Unterbewusstsein argumentiert nicht, denn es folgt einfach Anweisungen, egal, ob diese gut oder schlecht sind. Egal wie viel Energie und Entschlossenheit wir der Verhaltensänderung widmen, das Unterbewusstsein wird unsere Bemühungen untergraben, falls es einen inneren Konflikt gibt. Genau da setzen wir den Hebel an. Wir lösen diesen Konflikt auf und haben freie Bahn zur Erreichung unserer Ziele.

Sind auch Kinder hypnotisierbar?

Ganz sicher! Alle Altersgruppen sind empfänglich, doch Kinder ganz besonders. Zahlreiche Probleme, die Kinder haben, können durch die fachmännische Anwendung von Hypnose vermieden werden. Darüber hinaus bietet es ihnen einen erheblichen mentalen Vorteil in der Schule oder im Sport. Gedächtnis, Disziplin, Selbstvertrauen, Motivation und Selbstbeherrschung, um nur einige zu nennen, können schnell gestärkt und verbessert werden!

HYPNOSE & DER MENSCHLICHE GEIST

Der menschliche Geist kann in drei verschiedene Komponenten eingeteilt werden: das Unbewusste, das Unterbewusstsein und das Bewusstsein.

Im Vergleich zu einem Computer wären dies diese Komponenten:

1. Unbewusst = Betriebssystem
2. Unterbewusst = Festplatte
3. Bewusst = Arbeitsspeicher

Jede Komponente führt verschiedene Funktionen aus. Das Unterbewusstsein steuert die autonomen Systeme deines Körpers, wie z. B. das Kreislaufsystem, auf die gleiche Weise, wie das Betriebssystem eines Computers seine grundlegenden Funktionen lenkt.

Das Unterbewusstsein funktioniert ähnlich wie eine Festplatte, die Dateien aller Art enthält, von einer vollständigen Erinnerungseinheit deiner Vergangenheit über dein emotionales Verhalten bis hin zur wichtigsten Funktion: Datenschutz.

Das Bewusstsein ist unser aktiver Verstand. Es trifft sofortige Entscheidungen darüber, was täglich angezogen, gegessen und getrunken wird. Es bestimmt von Moment zu Moment, wie auf welche Impulse zu reagieren ist. Es ist der Verstand, mit dem du dieses Buch gerade liest und er hat die Aufgabe, zu vergleichen, zu argumentieren und zu erklären. Zusammen mit dem Kritikfaktor werden diese Mechanismen während der Hypnose umgangen.

Die Bedeutung des Unterbewusstseins
Um Änderungen an einer Datei auf deinem Computer vorzunehmen, müssen wir zunächst das Originalverzeichnis öffnen. Das Unterbewusstsein ist der Ort, an dem diese Daten im menschlichen Geist gespeichert sind. Um Zugang zu erhalten, müssen wir das Bewusstsein umgehen und uns direkt mit dem Unterbewusstsein in Verbindung setzen. Mit anderen Worten, eine Strategie, um positive Veränderungen in der Gegenwart zu erreichen, besteht darin, das vorherige Negative abzumildern. Wir verändern die Erinnerungen nicht - stattdessen verbessern wir deren Wahrnehmung.

Diese Veränderung kann nur im Unterbewusstsein erfolgen, da dort deine Erinnerungen gespeichert werden. Das kann ausschließlich unter Umgehung deines Bewusstseins geschehen, was nur unter Hypnose erreicht werden kann. Hypnose ist insofern einzigartig, als sie das Bewusstsein vorübergehend ausschaltet.

Gleichzeitig versuchen alle Ebenen deines Verstandes, dich so gut wie möglich zu schützen. Und das gilt besonders für dein Unterbewusstsein. Doch dein Bewusstsein kann dich täuschen. Es kann falsche Annahmen über dich oder andere machen, sogar in Bezug auf deinen Hypnotherapeuten, während du dich in Trance befindest. Es kann Erinnerungen sogar gänzlich auslöschen. Weiterhin kann es zur Manifestation destruktiver Angewohnheiten kommen, die wir mit Hypnose umprogrammieren sollten. Dazu zählen:

- Rauchen
- Schlechte Ernährung
- Spielsucht

u.v.m.

Inwiefern schützen uns diese schlechten Angewohnheiten? Nun, Ablenkung (etwa durch Rauchen) ist eine äußerst effiziente Methode, mit der dein Unterbewusstsein dich vor überwältigenden Emotionen abschirmen will. Hypnose setzt das Bewusstsein außer Kraft, verändert das Unterbewusstsein und führt zu einer Veränderung dieser und anderer toxischer Gewohnheiten.

Hypnose kann auch verändern, wie wir unsere Erinnerungen und damit uns selbst wahrnehmen. Indem wir Zugang zu den ursprünglichen Informationen erhalten, die im Unterbewusstsein gespeichert sind, können wir alle Gründe erkennen, warum unser Verstand schlechte Gewohnheiten implementiert hat. Nun kannst du genau diese Verhaltensweisen abstellen, da die vermeintliche Notwendigkeit für diesen "Schutz" hinfällig wird.

Dein Bewusstsein hat keinen vollen Zugriff auf alle Dateien - das ist nicht seine Funktion!

Aus diesem Grund ist es nutzlos, Veränderungen nur zu diskutieren, um sie umzusetzen. Diskussionen findet im Bewusstsein statt, doch Veränderungen vollziehen sich in unserem Unterbewusstsein!

Merke: Das Unterbewusstsein hat die Oberhand über das Bewusstsein! Das ist der Grund, warum Abnehmwillige so stark mit Willenskraft zu kämpfen haben. Wenn das Unterbewusstsein nicht einer ausgewogenen Ernährung und einem stabilisierten Körpergewicht "zustimmt", werden auch die besten Absichten aufgrund der Macht durch das Unterbewusstsein nur von kurzer Dauer sein.

Emotionen sind eine Funktion des Unterbewusstseins und werden dort fabriziert. Wenn wir also eine emotionale Reaktion auf eine Gefahr durchmachen, ob tatsächlich oder eingebildet, werden diese Gefühle im Unterbewusstsein gespeichert. Hypnose ermöglicht nun den Zugang zu diesen unterdrückten Emotionen, verbessert unsere Erfahrung mit ihnen und führt zu verändertem Verhalten.

Wir müssen uns erst die Erlaubnis zur Veränderung geben. Wir müssen motiviert sein, etwas zu ändern. Genau dabei hilft dir die Hypnose, weil sie dort wirkt, wo andere Therapien ohne Einfluss bleiben!

EINFACHE SELBSTHYPNOSE FÜR DEINE ZIELE

Selbsthypnose kann verwendet werden, um eine Vielzahl von Aspekten deines Lebens zu verändern. Sie kann negative

Emotionen zu lindern, die mit unangenehmen Erinnerungen verbunden sind. Mit Selbsthypnose können wir auch destruktive Gedanken beseitigen und durch positive ersetzen. Wenn also Selbsthypnose so effektiv ist, warum profitieren dann manche Menschen nicht davon? Der einfache Grund lautet, dass sie die Selbsthypnose nicht angemessen anwenden!

Um das Beste aus einer Selbsthypnosesitzung herauszuholen, müssen wir zuerst verstehen, warum wir sie verwenden. Bevor wir also Selbsthypnose versuchen, müssen wir ein Ziel haben, andernfalls erreichen wir nur tiefe Entspannung.

Lege deshalb ein Selbsthypnoseziel fest!
Dieses Ziel der Selbsthypnose sollte prägnant und spezifisch sein. Indem du eine Absichtserklärung schriftlich fixierst, festigst du ein Bild von dem, was du willst und gibst deinem Unterbewusstsein etwas, worauf es hinarbeiten kann.

Wähle das Ziel der Selbsthypnose **positiv** und wiederhole diese Botschaft. *Ich bin nicht länger übergewichtig* wäre eine zielführende Aussage. Wenn wir uns darauf konzentrieren, nicht übergewichtig zu sein, beschwört unser Geist auch das passende Bild dazu. Das gilt natürlich für alles im Leben, aber es ist besonders entscheidend für die Selbsthypnose! Als Ergebnis müssen wir eine schriftliche Erklärung erstellen, die sich ausschließlich auf die Dinge konzentriert, die wir uns wünschen, und die Dinge, die wir nicht mehr erleben möchten, ausspart. Wir müssen sicherstellen, dass das einzige Bild, das sich in unserem Kopf manifestiert, ein positives ist. Wenn wir das umsetzen, programmiert unser Unterbewusstes diese neuen Eindrücke fest ein.

Nachdem wir nun eine grobe Erklärung erstellt haben, in der unsere Ziele für Selbsthypnose-Sitzungen aufgeführt sind, können wir detaillierter vorgehen. Indem wir eine klare Vorstellung davon entwickeln, was wir wollen, können wir damit unseren Geist in verschiedenen Bereichen neu verdrahten.

Lese nun deine Aufzeichnung vor und visualisiere die einzelnen Punkte. Der geschriebene Satz und das mentale Bild daraus, kombiniert mit den positiven Gefühlen, bilden deinen Erfolgsplan, der nun zu einem Teil deiner selbst wird!

Mit dem folgenden Skript kannst du experimentieren und üben, um ein Gefühl für die Selbsthypnose zu bekommen. Online findest du zahlreiche weitere.

Skript:
Bevor wir mit der Selbsthypnose beginnen, nehme unbedingt eine bequeme Position ein, entweder sitzend oder liegend. Versichere dich, dass du nicht gestört wirst!

Richte zu Beginn der Selbsthypnose deine ganze Aufmerksamkeit auf einen Punkt an der Wand, knapp über Augenhöhe. Behalte einen geraden Kopf, damit du deine Augen nicht heben oder senken musst.

Bewege deine Zehen einige Sekunden lang und löse dann die Spannung auf. Dadurch können wir zwischen Anspannung und Entspannung klar unterscheiden. Anschließend wiederholen wir diesen Vorgang mit unseren Unterschenkeln, gefolgt von den Oberschenkeln. Wiederhole dies für jede Muskelgruppe, bis deine Gesichtsmuskulatur und deine Kopfhaut vollständig entspannt und locker sind.

Nach einer Weile werden deine Augen von der Anstrengung müde und du kannst sie schließen. Dies ist eine Technik, die speziell während der Selbsthypnose-Induktion verwendet wird: Während du tief einatmest, zähle im Geiste von zehn bis eins herunter. Stelle dir nun eine steile Treppe vor dir vor und gehe diese hinunter in die Dunkelheit. Zähle dabei nun rückwärts von fünf bis eins.

Nun befindet sich eine Wendeltreppe mit zehn Stufen vor dir. Atme tief ein, während du die Treppe hinabsteigst. Du bist nun in Trance und deine Selbsthypnose hat begonnen.

In dieser Phase der Selbsthypnose programmieren wir auch unser Unterbewusstsein. Erinnere dich an das mentale Bild, das du zuvor visualisiert hattest. Betrachte es in seiner ganzen Pracht! Sobald wir nun beginnen, positive Emotionen zu erleben, tauchen wir voll ein und werden ein Teil davon. Wie fühlt es sich an, eine lebendige Verkörperung dieses Bildes zu sein?

Verharre in diesem Zustand so lange du magst! Zähle danach einfach von eins bis zehn, sobald du diesen Zustand beenden möchtest. Beginne schrittweise, dir deiner Umgebung und eventuell hörbarer Geräusche bewusst zu werden. Nun öffnest du deine Augen. Deine Selbsthypnose-Sitzung ist erfolgreich abgeschlossen!

KANN UNS DIE HYPNOTHERAPIE ZU WAHRER LIEBE FÜHREN?

Zuneigung zu erfahren ist zwar eine der größten Freuden des Lebens, aber das ist oft leichter gesagt als getan. Diese zu finden bedeutet eine Herausforderung, wahre Liebe geht noch darüber hinaus. Es überrascht daher nicht, dass Rachel Crethars Job als Hypnotherapeutin für RTT (*Rapid Transformation Therapy*) häufig die Arbeit mit romantischen Problemen beinhaltet. „Das Knüpfen einer sinnvollen Bindung ist untrennbar mit unserem Kampf um das Selbstwertgefühl verbunden. ‚*Wie kannst du erwarten, dass jemand anderes dich liebt, wenn du dich selbst nicht lieben kannst*, lautet aus gutem Grund ein Klischee", argumentiert sie. Das Selbstwertgefühl zu verbessern ist jedoch nicht so einfach wie das Anbringen von Magneten am Kühlschrank. Deshalb erläutert sie nun für dich, warum RTT eine effektive Methode ist, um eine gesunde romantische Verbindung aufzubauen.

WAS GENAU IST RTT UND WIE FUNKTIONIERT SIE?

„Durch Hypnotherapie hilft dir RTT dabei, jene Erfahrungen, Sprache und Erfahrungen zu überdenken, die deinen Fortschritt behindern oder in denen wir Überzeugungen entwickelt haben, die uns nicht mehr dienen", fügt Rachel hinzu. „Von diesem Standpunkt aus ermöglicht es RTT, das Tagebuch in Echtzeit zu aktualisieren und so die Geschichte des eigenen Lebens neu zu schreiben."

WELCHE SIND DIE HÄUFIGSTEN ÜBERZEUGUNGEN, DIE EINER GESUNDEN BEZIEHUNG IM WEG STEHEN?

„Das Gefühl, nicht liebenswert zu sein, zu glauben, dass Liebe schwer zu bekommen ist, oder zu denken, dass Liebe für jemanden wie mich nicht verfügbar ist, all das sind alles Probleme, die oft auftreten", fährt Rachel fort. Weitere Barrieren bilden Falschannahmen, wie die, dass alle guten Männer bereits vergeben wären.

WARUM IST RTT FÜR DAS LIEBESLEBEN BESONDERS GEEIGNET?

„Wir befinden uns im Alter von 0 bis 7 Jahren im Theta-Gehirnwellenzustand (derselbe Zustand, den wir durch Meditation oder Hypnose erreichen). Genau während dieser prägenden Jahre sind wir wie Schwämme und saugen alles auf – egal, ob es direkt mit uns zusammenhängt oder wir nur beobachten, wie Erwachsene miteinander umgehen."

„Das Problem dabei – und der Grund, warum es wichtig ist, unsere Meinungen zu überdenken – ist, dass wir Überzeugungen mit dem Verstand eines Kindes und ohne Perspektive erschaffen." Etwa zu verstehen, dass unsere Mutter an einer Depression litt und sich daher einst wenig um uns gekümmert hat, oder dass der Weggang unseres Vaters nichts mit uns zu tun hatte, fällt genau aus diesem Grund auch Erwachsenen schwer."

„Auch als Erwachsene ist es toll zu erkennen, dass diese Erinnerungen nicht in Stein gemeißelt sind und neu interpretiert werden können."

EINE WAHRE ERFOLGSGESCHICHTE DURCH DIE KRAFT DER HYPNOSE

Über Kristin Rivas

Kristin Rivas ist eine in Seattle ansässige zertifizierte Hypnotiseurin und Radiomoderatorin. Ihr Interesse an Hypnose entspringt einer zutiefst persönlichen und transformativen Veränderungserfahrung.

Vor der Hypnose war Kristins Leben von Krankheiten heimgesucht worden, mit bis zu neun Anfällen pro Tag. Sie war gezwungen, im Rollstuhl oder mit Hilfe eines Gehstocks mobil zu sein. Die Mayo-Klinik diagnostizierte bei Kristin nach neurologischen Tests P.T.S.D., eine Konversionsstörung und Schwere Depression. Medikamente und andere Therapieformen versagten, bis eine einzige Hypnosesitzung zum vollständigen Verschwinden aller unangenehmen Symptome führte. Nachdem sie von Dr. Jon Connelly behandelt wurde, wurde Kristin selbst zertifizierte Hypnotiseurin und später die Gründerin der *Rapid Trauma Resolution Therapy*. Darüber hinaus wurde sie von Jon Overdurf, Igor Ledochowski und Don Mottin ausgebildet.

Kristin zog 2010 von Orlando, Florida, nach Seattle, wo sie sich ein neues Leben aufgebaut hat, zu dem auch eine Hypnosepraxis gehört. Kristin unterstützt Hypnose als praktikable Form der Hilfe und Heilung für Menschen in Not. Sie strebt deshalb danach, ihren Herzenswunsch weiter zu verfolgen, Menschen dabei zu helfen, Hindernisse zu überwinden. Ob es um Stress- oder Schmerzmanagement geht, um die Genesung von Herzschmerz, dem Tod eines geliebten Menschen oder anderen traumatischen Erfahrungen, das Brechen schlechter Gewohnheiten, das Abnehmen, geruhsames Schlafen oder das Überwinden von Ängsten, die *Mind Talk Hypnose* bietet ein Werkzeug für Menschen, die Heilung brauchen!

Destruktive Verhaltensweisen wie Unbehagen, Scham und Verlegenheit können niemals verdrängt werden, da sie nur im Unterbewusstsein erkannt und programmiert werden. Der Patient wird immer mehr Wert auf das Unbewusste legen als auf äußere Einflüsse. Laut Milton H. Erickson ist ein wichtiger Indikator Katalepsie, ein Zustand, in dem die Empfindungen des Patienten ausgesetzt werden, Muskelsteifheit auftritt ist und eine fixierte Haltung eingenommen wird. Dies tritt auf, wenn sich eine Person in einem tranceähnlichen Zustand befindet und empfänglicher für die Änderung von Verhaltensreaktionen ist. Katalepsie ist ein Zustand, der durch Suggestion induziert werden kann. Hypnotherapeuten suggerieren dann oft, dass ein Patient seine zuvor schwebende Hand ablegt oder die Augen schließt oder öffnet.

Um von der Entspannung in eine tiefe Trance zu gelangen, stellt der Therapeut eine Reihe von Fragen. Diese sind auf den aktuellen Zustand des Patienten zugeschnitten. Anschließend sollten die passenden Suggestionen gemacht werden, welche dem Einfluss des Hypnotherapeuten unterliegen. Therapeuten sollten mit dem mentalen Widerstand arbeiten, nicht dagegen, um zu vermeiden, den Prozess der Vertiefung der Trance zu stören. Dabei ist Fingerspitzengefühl gefragt. Milton H. Erickson betont, dass der Schlüssel zu schnellen hypnotischen Einleitungen darin besteht, mit dem Patienten zu arbeiten, stets im Einklang mit dessen Reaktionen. Flexibilität mit Suggestionen ist notwendig für schnelle Fortschritte, da nur das Arbeiten im Tempo des Patienten die vielversprechendsten Ergebnisse liefert.

FAZIT:

Egal, du dich nur verabreden, etwas Festes beginnen oder eine bestehende Beziehung festigen möchtest, es gibt immer Verbesserungs- und Entwicklungspotenzial! Das menschliche Herz hat eine unendliche Fähigkeit zur Liebe. Es ist eine Realität der menschlichen Natur, dass wir das anziehen, was wir hinaus projizieren. Wohin wir auch gehen, wir sollten stets jedem Menschen ein bedingungsloses positives Gefühl der Liebe zu aussenden. Komplimente werden geschätzt und auch deine Herzlichkeit wird garantiert erwidert werden. Sei unbedingt in ähnlicher Weise freundlich zu dir selbst, indem du eine selbstbejahende Grundeinstellung adaptierst.

Beziehungsprobleme sind oft das Ergebnis unterschiedlicher Perspektiven, entweder weil Lebenspartner unsere Erwartungen nicht erfüllen oder weil wir denen unseres Partners nicht gerecht werden. Mit einer Neuausrichtung deines Inneren durch Hypnose lässt du die Menschen in dein Leben, die wirklich zu dir passen. Fühle dich in deine Nöte und Probleme ein und betrachte Fehler und Makel als Teil des Lebens - das gilt für dich und deinen Herzensmenschen gleichermaßen. Verbinde dich in diesem tief ausgeglichenen Zustand mit einem intensiven Gefühl der Liebe und des Mitgefühls. Visualisiere dafür stets positive Affirmationen, um dein Unterbewusstes auf wahres Glück hin auszurichten!

Falls dir dieses Buch gefallen hat und du gerne über andere Themen lesen möchtest, die mein Leben verändert haben, dann schau dir meine neuen Bücher auf Amazon oder auf meiner Website an: www.my-mindguide.com.

Lass uns doch auch über die sozialen Medien in Verbindung bleiben! Bitte schreibe mir via Facebook oder Instagram und halte dich über Updates auf dem Laufenden! Du kannst mir deine Gedanken auch gerne direkt mitteilen: gassner@my-mindguide.com. Im Gegenzug schicke ich dir eine wunderschöne Infografik, die du ausschneiden und einrahmen kannst!

Bitte hinterlasse auch eine Rezension auf Amazon, damit ich ein noch breiteres Publikum erreichen kann. Vielen Dank für deine Zeit, dein Interesse und deinen unermüdlichen Wissensdurst!

Ich möchte mich bei all meinen Kollegen, Kunden, Freunden und Familienmitgliedern bedanken, die alle dazu beigetragen haben, was ich heute bin.

Ich möchte mich auch bei Gabriel Palacios bedanken, dem König der Hypnotherapie und Schweizer Bestsellerautor, der einem alten Fuchs neue Tricks beibrachte und mich tief in das Geheimnis der Hypnotherapie eintauchen ließ. Ich habe auf dieser Reise so viel gelernt, dass ich nun auch selbst ein zertifizierter Master-Hypnose- und Gesprächstherapeut bin!

Außerdem möchte ich mich bei den fantastischen Lehrern von SAMYANA/Bali bedanken, die mich zum zertifizierten Yoga- und Meditationslehrer ausgebildet haben.

Nicht zuletzt möchte ich mich bei meinem Meisterlehrer Eckhard Wunderle bedanken, der für mich fast wie ein Heiliger ist. Er hat mich in die Welt der Meditation eingeführt und mich all die Wunder entdecken lassen, die diese zu bieten hat. Ich könnte nicht stolzer sein, dass ich meine Zertifizierung als Meditationscoach direkt von ihm am Institut für Spirituelle Psychologie erhalten habe.

Frieden, Liebe und Glück für euch alle - bis zum nächsten Mal!

AUTOREN-BIO

Kurt Friedrich Gassner ist ein österreichischer Autor, der seine Leser dazu befähigt, die Feinheiten des Unterbewusstseins besser zu beherrschen. Durch seine Erfahrungen und sein umfangreiches Wissen über die neuesten Entwicklungen in der Psychologie hilft er Menschen, ihr volles Potenzial auszuschöpfen. Was damit begann, dass er im Alter von 14 Jahren für Gleichaltrige im Austausch für Zeichnungen schrieb und später als professioneller Werbetexter arbeitete, führte schließlich dazu, dass er Kreativdirektor mehrerer internationaler Agenturen und Autor mehrerer Selbsthilfebücher wurde.

Das Schreiben ist jedoch nicht die einzige Leidenschaft dieses Unternehmergeistes. Kurt ist auch Seriengründer (My Mind Guide und Trendguide Capital, um nur einige zu nennen) und Business Angel und verfügt über vier Jahrzehnte Erfahrung in den Bereichen globale Werbung und Markenberatung. Infolgedessen hat er zahlreiche Auszeichnungen in den Bereichen kreative Regie, Direktmarketing und Training erhalten und wurde zum Selfmade-Millionär. Während des globalen Lockdowns nutzte er seine freie Zeit, um sich in

Hypnotherapie zu vertiefen, und ist jetzt ein lizenzierter Hypnotherapeut, Yogalehrer und Meditationslehrer.

Wenn er nicht gerade seine Geschäfte führt, Führungskräfte berät oder über das Unterbewusstsein schreibt, finden Sie diesen Globetrotter auf Weltreisen, beim Golfen, Radfahren in den Alpen, in der Oper oder beim Wandern. Er ist außerdem stolzer Vater zweier erfolgreicher Kinder und seit 37 Jahren glücklich mit seiner wunderbaren Ehefrau verheiratet. Derzeit lebt er in München, Deutschland und Kirchberg, Österreich.

In seinem Leben mit unzähligen Höhen und Tiefen hat Kurt Friedrich Gassner unnachgiebig nach dem folgenden Motto gelebt: „Niemals aufhören! Das Beste kommt noch ...“. Und dank seiner Entschlossenheit und Beharrlichkeit hat er ein Leben in persönlichem Wohlstand geführt und dabei unzählige unschätzbare Lektionen gelernt. Für ihn ist ein Leben, in dem er sein erworbenes Wissen nicht mit anderen teilt, kein erfülltes Leben. Deshalb schreibt er Bücher, um etwas zurückzugeben und die Welt zu einem besseren Ort zu machen, als sie es zu dem Zeitpunkt war, als er sie betrat. Einige seiner Veröffentlichungen sind Die Kraft der Vergebung„ Lüge, Lügner, lügen, Seelen-Verwandt, Vergiftetes Sein. Epigenetik verstehen und verändern und Stark durch Struggles. Im Alter von 30 Jahren schrieb er ein Bestseller-Kinderbuch, das sich über eine Million Mal verkaufte und in Kindergärten im deutschsprachigen Raum verbreitet wurde. Mehr als ein Dutzend weiterer Bücher zum Thema Psychologie sind derzeit in Arbeit. Besuchen Sie Kurts offizielle Website, um Ihre innere Kraft zu entfesseln: gassner@my-mindguide.com

samyama_mindfulness
Meet Elisa
@elisa.lr.gassner and
Kurt @creativmuc
Our father/daughter
superstar students!
They truly bring a
special kind of energy
to our teacher's
training
@elisa.lr.gassner

ZERTIFIKAT

PALACIOS
PALACIOS
RELATIONS
ZERTIFIKAT

SELF-EMPOWERMENT BOOKS

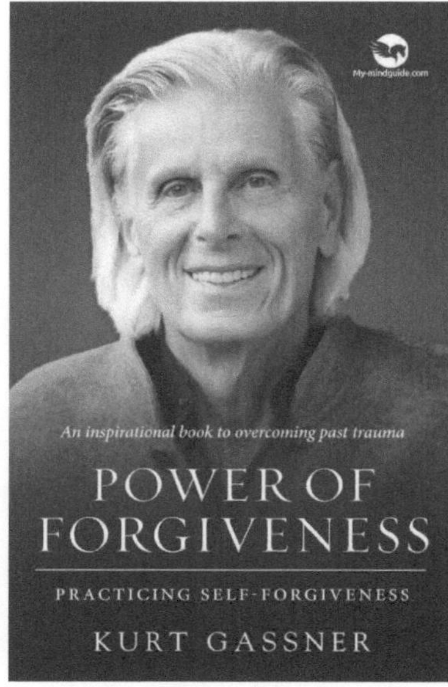

SELF-EMPOWERMENT BOOKS

SELF-EMPOWERMENT BOOKS

SELF-EMPOWERMENT BOOKS

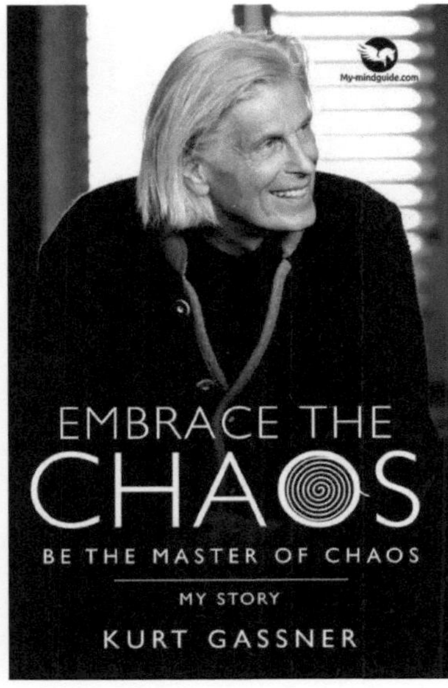

SELF-EMPOWERMENT BOOKS

Unlocking
The Healing
Power of Pets

What Pets Can Tell You About Your Soul

KURT GASSNER

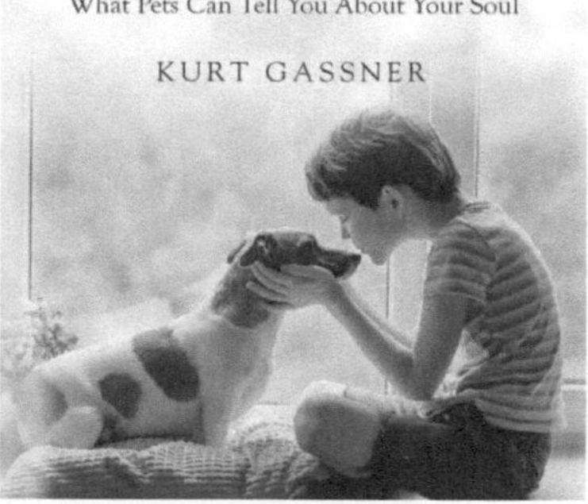

SELF-EMPOWERMENT BOOKS

SELF-EMPOWERMENT BOOKS

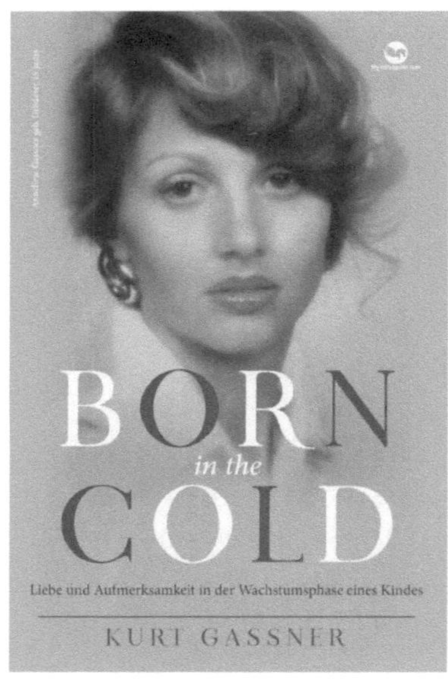

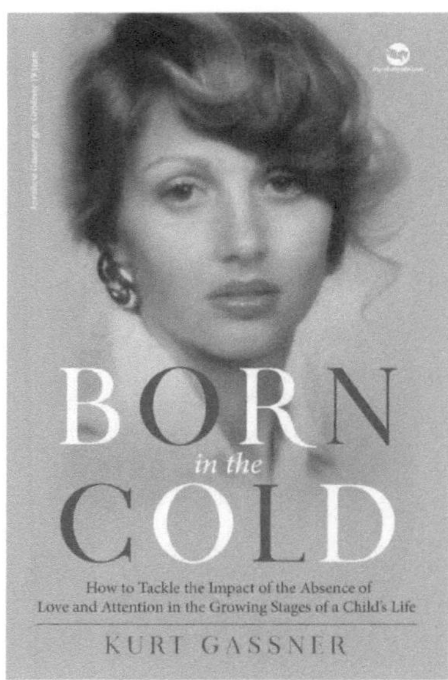

CHILDREN BOOKS

SELF-EMPOWERMENT BOOKS

SELF-EMPOWERMENT BOOKS

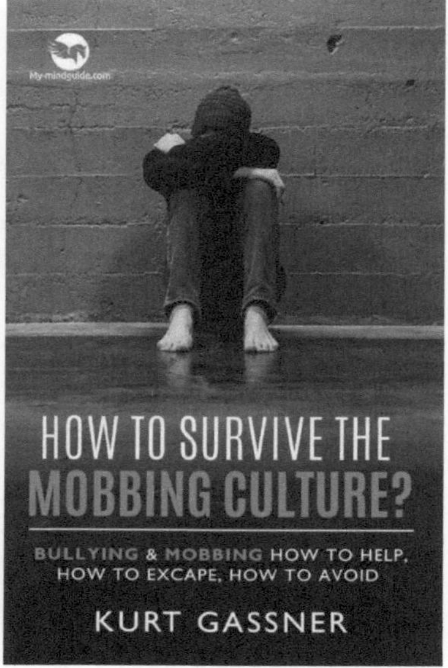

SELF-EMPOWERMENT BOOKS

MINDFUL BUSINESS BOOKS

MINDFUL BUSINESS BOOKS

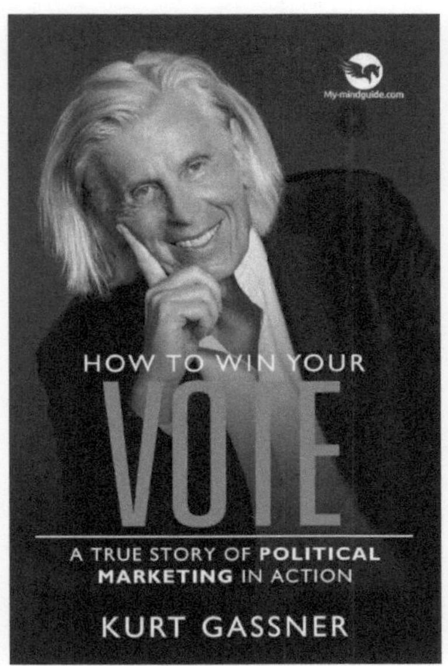

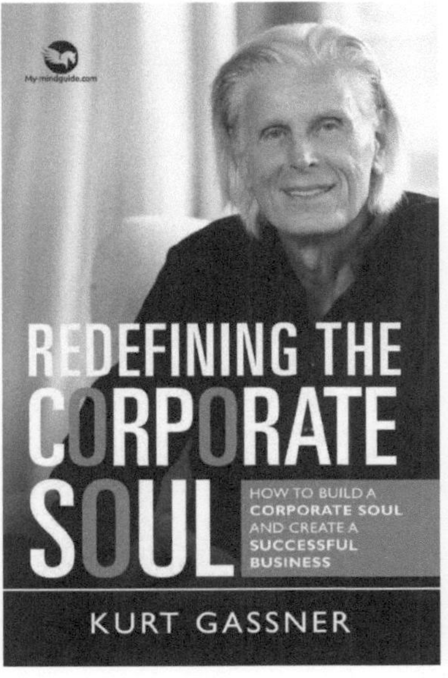

MINDFUL BUSINESS BOOKS

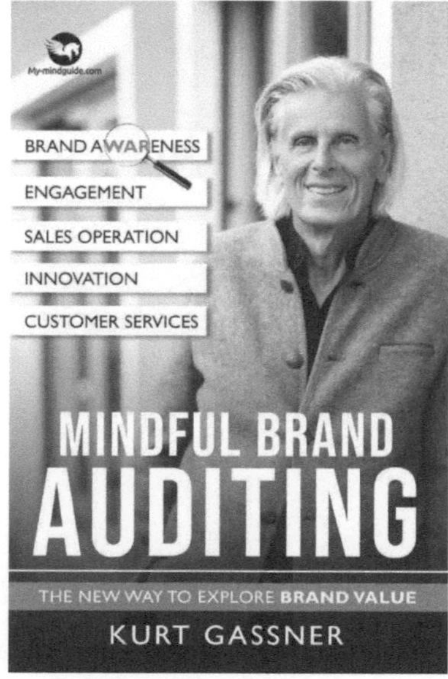

MINDFUL BUSINESS BOOKS

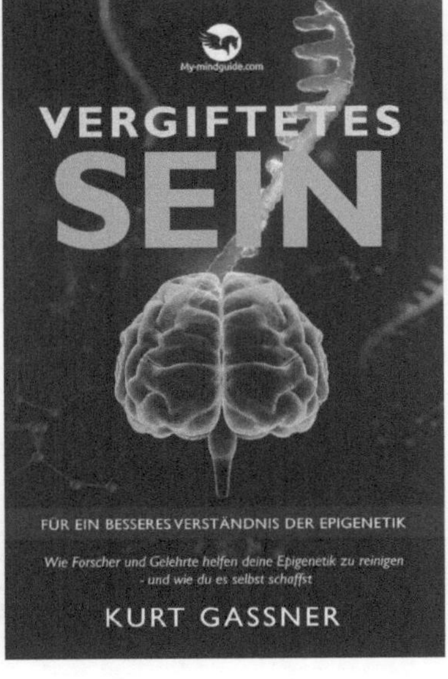

BESTSELLING AUTHOR OF
The Art Of
FORGIVNESS
AMAZON
#1
BESTSELLER
My-mindguide.com
A practical guide for self healing and overcome past traumas
The Art Of
KURT GASSNER
The Art Of
FORGIVNESS
KURT GASSNER

You Can reach Author's Wikipedia